Christa und Dirk Lüling
Lastentragen – die verkannte Gabe

Christa und Dirk Lüling

Lastentragen – die verkannte Gabe

Hochsensible Menschen als emotionale Lastenträger

TEAM.F

9. Auflage 2013

Umschlaggestaltung: joussenkarliczek, D-Schorndorf
(unter Verwendung eines Fotos von © Konstiantyn/fotolia.com)
Satz/DTP: Jens Wirth
Druck: cpi books

Printed in the EC

ISBN 978-3-935703-87-1
Best.-Nr. 147387

Dieser Titel ist bei www.asaph.net auch als eBook erhältlich (Best.-Nr. 148500).

Für kostenlose Informationen über unser umfangreiches Lieferprogramm
an christlicher Literatur, Musik und vielem mehr wenden Sie sich bitte an:

ASAPH, Pf. 2889, D-58478 Lüdenscheid
asaph@asaph.net – www.asaph.net

Inhalt

Unsere Hochsensibilität ist wie ein Präzisionswerkzeug, das beeindruckend leistungsfähig ist in der Wahrnehmung und im kreativen Output. Doch leider ist es ein Werkzeug, für das wir keine Gebrauchsanweisung erhalten haben und das wir versuchen zu verstehen durch Versuch und Irrtum.

Georg Parlow, „Zart besaitet"

Vorwort der Autoren zur 8. Auflage

Hätte uns jemand gesagt, wie erfolgreich unser Buch sein würde, wir hätten es nicht geglaubt. Die vielen dankbaren und begeisterten Reaktionen auf das Thema haben uns überrascht und überwältigt. Sehr häufig hören wir: „Beim Lesen dachte ich oft, die beschreiben mein Leben", oder: „Ich konnte manches Mal nicht weiterlesen, weil ich wieder weinen musste." Offenbar decken wir einen dringenden Informationsbedarf ab und geben Antworten auf tiefe Lebensfragen vieler Menschen.

Dankbar nehmen wir wahr, dass auch in den Medien zunehmend über Hochsensibilität informiert wird. Das trägt dazu bei, Hochsensible aus ihrer leidigen Nische zu befreien und zu rehabilitieren. Der Gesellschaft und besonders unseren christlichen Kirchen und Gemeinden gehen wichtige Aspekte verloren, wenn Hochsensiblen nicht ein angemessener Platz eingeräumt wird: Sie brauchen Verständnis und Wertschätzung, um ihre Gabe zum Nutzen aller einbringen zu können. Darum wünschen wir uns, dass nicht nur hochsensible Personen, sondern alle sich mit diesem Thema auseinandersetzen.

Aufgrund vieler Gespräche mit hochsensiblen Lastenträgern (HSL) würden wir heute einige Aspekte deutlicher als beim Verfassen dieses Buchs herausstellen, z. B. die unterschiedlichen Schwerpunkte der Hochsensibilität (kognitiv, empathisch, intuitiv), die Beziehung zwischen Hochsensibilität und Trauma und auch das Gestalten eines entspannten Alltags für Hochsensible. Um Missverständnissen vorzubeugen, würden wir, wie im Englischen, statt *hochsensibel* lieber den Begriff *hochsensitiv* verwenden, weil „hochsensibel" für deutsche Ohren mehr oder weniger nach wehleidiger Überempfindlichkeit klingt. Die ist jedoch nicht gemeint.

Bedauerlicherweise hören wir immer wieder, dass Menschen mit ihrer Hochsensibilität „hausieren gehen" und ihrem Umfeld auf die Nerven fallen, indem sie besondere Rücksichtnahme einfordern. Damit erweisen sie jedoch weder sich selbst noch der Sache einen Gefallen. Bitte beherzigen Sie unsere Ratschläge am Ende des 5. Kapitels: „Wie Sie sich als HSL garantiert unbeliebt machen können". Elaine Aron, die Pionierin zu diesem Thema, scheint ähnliche Erfahrungen zu machen. Sie antwortet auf die Frage, ob Hochsensible eine besondere Behandlung brauchen: „Das zu glauben wäre ein großer Irrtum. Wer mit Samthandschuhen angefasst werden will und dafür seine Hochsensibilität ins Feld führt, hat nichts verstanden. Hochsensibilität ist keine billige Entschuldigung für irgendetwas" (*Psychologie heute*, April 2012, Seite 38).

Bei unseren Seminaren für hochsensible Lastenträger haben wir Hunderte wissbegierige Teilnehmer angetroffen. Immer wieder sind wir bewegt, was für feine, aber leider oft auch verletzte Menschen es sind. In diesen Seminaren leiten wir HSL an, ihre Hochsensibilität anzunehmen sowie sich von ihren negativen „Stempeln" zu befreien und aus unguten Verstrickungen und Lebensmustern herauszutreten. Diese Seminartage werden als sehr heilsam erlebt. Da wir nicht genügend Seminare anbieten können, arbeiten wir an einem Praxibuch zum Selbststudium und für Kleingruppen, in dem wir wichtige Themen vertiefen und für die Lebensbewältigung und Lebensgestaltung von Hochsensiblen unter christlichen Gesichtspunkten Anleitungen geben.

Wir wünschen Ihnen viele erleichternde „Aha-Erlebnisse" beim Lesen!

Dirk und Christa Lüling

August 2012

Vorwort

Zum Thema hochsensible Lastenträger haben Dirk und Christa Lüling eins dieser Bücher geschrieben, die so hilfreich sind, dass ich beim Lesen ständig denken musste: „Der und der sollte es lesen, dem und dem muss ich es zukommen lassen ..."

Es könnte die Rettung sein für so viele Hochsensible, und erst recht für hochsensible Lastenträger, die beide normalerweise nicht verstehen, warum sie fühlen, was sie fühlen, und entsprechend leiden. Immer wieder wird der Leser ausrufen müssen: „Das bin ja ich!", und: „Warum habe ich das noch nie gemerkt? Es hätte mir so viele Schwierigkeiten erspart", und auch: „Danke, Gott. Ich habe gebetet wie vorgeschlagen, und tatsächlich fühle ich mich viel besser. Es tut sehr gut, sich selbst zu verstehen. Jetzt weiß ich, warum ich so anders bin als viele andere. Und welche Erleichterung, zu wissen, dass ich mich letzten Endes gar nicht so sehr von allen unterscheide – es gibt viele wie mich, und wir haben alle die gleichen Probleme."

Was das Beste ist: Dirk und Christa machen deutlich, dass es sich beim Lastentragen um eine wunderbare Gabe des Herrn handelt, und wie es im Dienst und im Fürbittegebet zu gebrauchen ist. Richtig verstanden und eingesetzt, um das eigene Leben für andere niederzulegen (Galater 6,2), wird Lastentragen einer der höchsten und wertvollsten Dienste, denen man sich nur widmen kann. Als Lebensstil praktiziert, führt Lastentragen aus ichbezogener Selbstsucht zu der Christus-Tugend, anderen zum Segen zu leben, ohne auf das Eigene zu sehen.

Wer dieses Buch liest, wird nicht nur jemand werden, der für andere lebt. Er wird auch den heiligen, brennenden Wunsch bekommen, anderen sensiblen Typen zu helfen, und auch den nicht so Sensiblen. Er wird helfen wollen, dass sie die Schmerzen und Wunden, unter denen so viele unnötigerweise leiden, verstehen und davon befreit werden. (Weniger Sensible leiden auch, besonders wenn sie mit einem supersensiblen Typ zusammenleben!) Es ist sehr gut, von Verwirrung frei zu sein, und viel besser noch, andere befreien zu können.

Dieses Buch sollten Sie sich unbedingt holen. Es ist lebensverändernd.

John Sandford

Autor, Mitgründer der *Elijah House Ministries*

Vorwort

Mit diesem Buch gehen Christa und Dirk Lüling ein wichtiges und spannendes Thema der Seelsorge an, das im deutschsprachigen Raum noch wenig beschrieben wurde.

Mit viel Feingefühl gliedern sie das nicht einfache Thema und führen zu einem guten Verständnis. Die Beispiele aus der Praxis veranschaulichen dem Leser die Zusammenhänge. Diese gute Arbeit wird Betroffenen wertvolle Hilfe zum Selbstverständnis ermöglichen. Sich verstehen eröffnet neue Möglichkeiten und ermutigt, das Leben stärkenorientiert zu verantworten.

Sicher werden Seelsorger, die im Bereich der Inneren Heilung arbeiten, dieses Buch gerne in die Hand nehmen. „Lastenträger" suchen immer wieder Hilfe in Seelsorge und Beratung, weil sie zuweilen schneller als andere Menschen ihre Grenzen spüren – denn sich abgrenzen will gelernt sein.

Hochsensible Menschen tragen auch eine tiefe Sehnsucht nach Harmonie in ihrem Herzen. Schneller als andere spüren sie Ablehnung, Streit, egoistische Durchsetzungsmuster und Spannungen in den Beziehungen. Doch sie haben auch eine hohe Sensibilität für die Sehnsucht Gottes, uns in den Frieden zu führen, der allen Verstand übersteigt.

Als Seelsorger, Betroffener oder Angehöriger werden Sie dazugewinnen, wenn Sie sich in dieses Buch vertiefen.

Katharina Schmidt

Institut für Christliche Lebens- und Eheberatung (ICL), Steinen

Einführung

Vor etlichen Jahren hörten wir bei einer Autofahrt den Vortrag „Heilung des verwundeten Lastenträgers" von John Sandford. Mit dem Titel wussten wir zunächst nichts anzufangen, aber das Thema fesselte uns zunehmend. Es öffnete uns die Augen für einen Lebensbereich, mit dem wir immer wieder Probleme hatten. Christa fühlte sich in ihrer Persönlichkeit gut beschrieben und endlich verstanden, und als sie das Gebet am Ende des Vortrags mitsprach, erlebte sie augenblicklich eine Entlastung. Sehr geholfen haben uns später die persönlichen Gespräche mit John Sandford, in denen er uns die Gabe des Lastentragens näher erklärte. Seit dieser Zeit haben wir uns immer wieder mit dem Thema beschäftigt und neue Aspekte entdeckt. Wenn Christa heute über das Thema in der *Team.F*-Seelsorgeschule lehrt, gibt es eine sehr starke Resonanz. Über 80% der Studenten sind Betroffene, sie fühlen sich beschrieben und verstanden! Sie sind erleichtert, dass sie ihre Wahrnehmungen, Befindlichkeiten und Reaktionen endlich richtig einordnen können, und viele verletzende Erfahrungen sehen sie nun in einem neuen Licht.

Wie gesagt, kamen wir mit diesem Thema durch John und Paula Sandford in Berührung, die als Pioniere auf dem Gebiet der inneren Heilung gelten. In den neunziger Jahren waren sie häufig unsere Gastsprecher. Durch ihre Seminare, ihre Bücher und ihre Freundschaft erhielten wir entscheidende Impulse für unser Leben und den Seelsorgedienst von *Team.F*. Erst im vergangenen Jahr stießen wir auf die Bücher von Elaine Aron, „Sind Sie hochsensibel?" und Georg Parlow, „Zart besaitet", die das Phänomen der Hochsensibilität beschreiben. Hier und auch im Internet fanden wir eine Fülle von Informationen über hochsensible Personen, die unsere Erfahrungen und Beobachtungen bestätigten und unseren Horizont erweiterten.

Viele Hochsensible sind emotionale Lastenträger und davon wiederum hat ein großer Teil eine sehr verletzte Seele. Vor allem für diese Menschen ist unser Buch gedacht. Die Eigenschaften der

Hochsensibilität beschreiben wir nur soweit sie für das grundlegende Verständnis der Persönlichkeit eines Lastenträgers notwendig sind. Darum kann es sein, dass Sie sich bei der Beschreibung der Hochsensibilität wiederfinden, aber das Thema Lastentragen oder Heilung von seelischen Verletzungen Ihnen nicht so viel zu sagen hat.

Der Bedarf an Informationen über dieses Thema ist groß, denn laut Elaine Aron ist etwa ein Fünftel aller Menschen hochsensibel. Es sind sehr feinfühlige Menschen mit einer wunderbaren Gabe. Leider finden einige in unserer Wettbewerbsgesellschaft keinen rechten Platz, da sie nicht nach den gebräuchlichen Lebensmustern funktionieren. Sie fühlen sich mit ihren Wahrnehmungen, Reaktionen und Werten unverstanden und „irgendwie anders". Leider werden sie darin oft durch verurteilende Reaktionen ihres Umfeldes bestätigt. Aufgrund ihrer Lebensgeschichte sind viele von Selbstzweifeln und Unsicherheit geplagt. Nicht wenige kennen undefinierbare seelische oder körperliche Schmerzen und manche sind aufgrund ihrer vielen Wahrnehmungen gefühlsmäßig oder gedanklich schnell zu verwirren. Um neue Lebensfreude zu erhalten, brauchen sie Befreiung vom Joch ihrer unbewussten Lasten und Heilung für die verletzenden Erfahrungen ihrer Lebensgeschichte. Wenn sie es außerdem lernen, sich vor zu vielen Wahrnehmungen zu schützen, können sie im Alltag sehr konstruktiv mit ihrer Gabe umgehen. Unsere Gesellschaft braucht die Hochsensiblen! Sie verdienen es, richtig wahrgenommen und respektiert zu werden und einen angemessenen Platz zu erhalten.

Unsere Ausführungen beruhen im Wesentlichen auf eigenen Erfahrungen und Beobachtungen, ergänzt durch Beispiele von Freunden. Es liegt uns sehr am Herzen, für dieses weithin unbekannte und vernachlässigte Thema und vor allem für die betroffenen Menschen Augen und Herz des Lesers zu öffnen. Über Rückmeldungen und Ergänzungen würden wir uns sehr freuen, denn wir denken nicht, dass wir dieses Gebiet schon vollständig ergründet haben. Wir danken allen Freunden, die durch ihren persönlichen Beitrag das Thema veranschaulicht und dieses Buch bereichert haben. Um sie und ihre Familien zu schützen, wurden die Namen verändert.

In diesem Buch erzählt Christa viel von sich selbst – wenn die Ich-Form ohne Zusatz verwendet wird, handelt es sich um ihre persönlichen Erfahrungen.

Christa und Dirk Lüling

Kapitel 1

Kennzeichen und Eigenschaften hochsensibler Personen

Generelle Merkmale

Vor etlichen Jahren besuchten wir eine große christliche Konferenz. Wir waren von unserem Alltag ziemlich geschafft und sehnten uns nach geistlicher Erfrischung. Es gab gute geistliche Kost und erfrischenden Lobpreis – allgemein herrschte Hochstimmung. Mein Mann blühte auf und sprach mit allen möglichen Leuten, aber ich saß da mitten unter 5000 oder mehr Menschen und versank immer mehr in meinem Stuhl. Schließlich war ich vollkommen fertig und sagte zu ihm: „Dirk, ich muss raus! Ich werde hier verrückt. Ich muss weg, ich tanke hier nicht auf, es wird nur ständig schlimmer mit mir statt besser."

Damals hatte ich keine Ahnung, was mit mir geschah. Ich empfand mich als überspannt und hielt mich für einen Versager. Den Schlüssel zu dieser verwirrenden Erfahrung erhielt ich etwa zwei Jahre später, als ich den Vortrag „Heilung für verwundete Lastenträger" von John Sandford hörte. Mir gingen etliche Lichter auf und ich verstand, dass ich doch ganz normal, aber eben hochsensibel und ein ausgeprägter „Lastenträger" bin. Als hochsensibler Lastenträger hatte ich in der Konferenz unbewusst die Nöte und Lasten der anderen Teilnehmer wahrgenommen und sie sogar wie ein trockener Schwamm aufgesaugt. Damals wusste ich nicht, wie ich mich davor hätte schützen können oder wie ich die Lasten hätte wieder abgeben können. So litt ich einfach und hinterfragte mich selbst, meine Wahrnehmung und meine Reaktion und fühlte mich so grundverkehrt!

Heute weiß ich, dass ich nicht die Einzige bin, die mit derartigen Empfindungen zu kämpfen hat. Sehr vielen Menschen geht es so wie mir. Die meisten sprechen nicht darüber, weil es ihnen peinlich ist, ständig anders zu denken und zu empfinden als die Mehrheit, und weil sie bisher auf so viel Unverständnis gestoßen sind. Für mich war es sehr befreiend, darüber zu reden, mein Lastentragen als Gabe zu verstehen und meine Hochsensibilität anzunehmen.

Ich habe bei mir weitere typische Symptome dieser Gabe entdeckt: In größeren Menschengruppen spüre ich oft eine innere Verwirrung oder eine Art Nebel im Kopf. Das betrachte ich heute als normal. Sehr oft erkenne ich am Gesichtsausdruck, wie es einer Person innerlich geht, ohne dass ein Wort gesagt wurde. Immer wieder erzählen mir Menschen ihre Probleme und schütten mir einfach ihr Herz aus. Bei Seelsorgegesprächen spüre ich sehr deutlich, wo die andere Person innerlich steht, und kann sie behutsam abholen und weiterführen. Manchmal habe ich auch unvermittelt Krankheitssymptome, Schmerzen oder Verspannungen, ohne dass es dafür einen erkennbaren Grund gibt. Und dann sind diese Schmerzen genauso plötzlich wieder weg.

Diese hohe Sensibilität ist die Basis für Intuition, Kreativität, Empfindsamkeit, für sehr fein differenzierte Wahrnehmungen, für Ideenreichtum und einfühlsame Kommunikation. Viele Menschen sind in gewissem Grade sensibel, aber bei Hochsensiblen ist das so ausgeprägt, dass man von einer speziellen Begabung sprechen kann. Elaine Aron, die das Phänomen der Hochsensibilität ausführlich erforscht hat, sagt, dass 15 bis 20 Prozent der Bevölkerung aufgrund ihrer neurologischen Besonderheiten deutlich sensibler sind als andere. Diese Prozentzahl gilt übrigens auch für viele Säugetiere, bei denen man ebenfalls Hochsensibilität beobachten kann. Die Fachleute sagen, dass zwischen diesen hochsensiblen 20 Prozent und der nächsten Gruppe, die sich selbst als „sensibel" einstuft, ein deutlicher Abstand ist. Dieser messbare Unterschied bestätigt, dass es sich um eine besondere Fähigkeit oder Gabe handelt. Grundlage dafür ist eine bestimmte neurologische Beschaffenheit des Gehirns. Entweder man hat sie, oder man hat sie nicht, so wie jemand eine hohe Musikalität oder künstlerische oder mathematische Begabung hat.

Elaine Aron wählt den Begriff „hochsensible Person" zur Bezeichnung dieser Menschen. John und Paula Sandford ist dieser Ausdruck nicht bekannt. Sie beschrieben jedoch lange vor den Veröffentlichungen von Elaine Aron unter dem Begriff „Lastenträger" eine bestimmte Kategorie der Hochsensiblen. Sandfords wählten diese Bezeichnung, weil sie an sich selbst und vielen anderen beobachteten, dass sie, ohne sich willentlich dazu entschieden zu haben, den inneren Zustand und die Lasten anderer Personen deutlich wahrnehmen und diese dann tragen, als wären es ihre eigenen Lasten. Wir werden in unseren Ausführungen unterscheiden zwischen den allgemeinen Eigenschaften der Hochsensibilität, die wir im ersten Teil kurz darstellen, und den speziellen Eigenschaften der „hochsensiblen Lastenträger", auf die wir danach ausführlicher eingehen. Der Einfachheit halber verwenden wir von Fall zu Fall die Kurzform HSP für eine hochsensible Person und HSL, wenn es um hochsensible Lastenträger geht.

Hochsensibilität zeigt sich in unterschiedlichen Ausprägungen, nicht nur im Lastentragen. Es gibt sie im technischen, künstlerischen, musikalischen Bereich und anderen Berufsfeldern, wo es auf Wahrnehmung, eine gute Beobachtungsgabe, Intuition und Kreativität oder einen sensiblen Umgang mit Menschen ankommt. Viele Dichter und Denker, Forscher, Künstler, Musiker, Philosophen, Pastoren, Mediziner, Rechtsgelehrte und nicht wenige Nobelpreisträger sind HSP. Noch einmal: Nicht alle hochsensiblen Menschen sind gleichzeitig Lastenträger. Das Lastentragen ist nur eine Ausprägung unter anderen! In vielen Kulturen werden hochsensible Menschen als Ratgeber und Berater hoch angesehen. Umfragen ergaben, dass in Japan, China und interessanterweise auch in Schweden Feinfühligkeit mehr geschätzt wird als in anderen Ländern. Sandfords, die viel reisen, berichten, dass bei Naturvölkern die Kenntnis dieser Gabe selbstverständlich ist, wohingegen die meisten Menschen unserer rational geprägten westlichen Welt mit dem Thema nicht viel anfangen können. In China wird hochsensiblen Schülern höchste Achtung entgegengebracht, aber in unseren westlichen Gesellschaften haben sie oft einen schweren Stand. In unserer Kultur ist der Begriff „sensibel" eher negativ belegt. Man denkt dabei an Leute, die ihren Gefühlen ausgeliefert und nicht so richtig lebenstüchtig sind. Dementsprechend haben HSP in unserer wettbewerbs- und profitorientierten Gesellschaft einen schweren Stand. Ihre Gabe ist aber nötig, um die Einseitigkeiten der Gesellschaft auszubalancieren.

Elaine Aron versteht das Zusammenspiel dieser Unterschiede so: Aggressive Kulturen dominieren unsere Welt und übernehmen immer die Führung, wenn sie mit anderen Kulturen zusammentreffen. Damit diese aggressiven Kulturen und ihre Leiter langfristig überleben können, brauchen sie jedoch den Ausgleich durch die Weisheit ihrer Priester, Richter und Berater. Diese sorgen mit großer Sensibilität für das Gleichgewicht zwischen den Macht ausübenden Parteien. Ein Blick in die Geschichte zeigt, dass in den glücklichsten und am längsten bestehenden indogermanischen Reichen zwei Bevölkerungsgruppen die Regentschaft bildeten: die kämpfenden Könige und ihre priesterlichen Ratgeber (nach Aron, S. 45–46). Diese Gewaltenteilung ist heute in den Verfassungen unserer westlichen Demokratien verankert und Garant ihrer Stabilität.

Die Hochsensibilität hat in den Institutionen unseres Staates einen angemessenen Platz gefunden, und Hochsensible sind in vielen Berufen sehr erfolgreich. Es gibt Nischen, wo sie sich sehr wohl fühlen und sich gut entwickeln können. Aber im Alltag, im Zusammenleben mit der Mehrheit der Bevölkerung, in den Kindergärten, Schulen, Ausbildungsstätten und an vielen Arbeitsplätzen scheinen die HSP nicht so recht in unsere Kultur zu passen. Viele HSP empfinden in ihrem Umfeld ihre Gabe eher als Last und wären gerne frei davon. Sie sind bemüht, in allem mit den anderen mitzuhalten und es ihnen gleich zu tun. Doch damit verleugnen sie ihre Einzigartigkeit und die wunderbare Gabe Gottes, die sie empfangen haben. Sie sollten dankbar sein für ihre gute Intuition, die sie und andere vor vielen Fehlern bewahrt. Wenn Hochsensible lernen, ihre Gabe und ihre Berufung richtig zu verstehen, werden sie sehr geschätzte Mitarbeiter und treue Freunde sein. Als Christen können sie eine beneidenswert innige Beziehung zu Jesus entwickeln und die göttliche Weisheit leichter „anzapfen" als andere. Bei einem Gabentest werden sich HSL überwiegend in den Bereichen Barmherzigkeit, Dienen, Geben und Seelsorge wiederfinden, denn sie sind anteilnehmend und stets bemüht, anderen das Leben zu erleichtern. Viele Hochsensible sind als Seelsorger und Kindermitarbeiter aktiv, und sie ergreifen gern Helferberufe oder Berufe, wo sie als Spezialisten mit feinem Gespür tätig sein können.

Aber solch ein Gabentest kann auch „Prophetie" oder „Gabe der Erkenntnis" ergeben, da HSP leicht wahrnehmen, was in anderen vorgeht, und in der Lage sind, Mängel und Unstimmigkeiten in Gruppen und Organisationen intuitiv aufzuspüren. Wir sind überzeugt, dass viele prophetisch begabte Christen hochsensibel sind. Sie brauchen jedoch Anleitung und Hilfe, damit sich ihre Gabe gesund entwickelt. Darauf werden wir später noch genauer eingehen. Auffallend ist, dass viele Hochsensible schon als Kind, sogar in einem nichtchristlichen Umfeld, ein tiefes Verlangen nach Gott und eine innere Gewissheit haben, dass es da „jemanden gibt", zu dem sie beten können. Für sie ist die unsichtbare Welt mit Engeln und Dämonen eine Realität.

Es ist offensichtlich, dass Lastentragen als eine mögliche Ausprägung der Hochsensibilität recht verbreitet ist. In unserer Seelsorgeausbildung schätzen sich etwa 70 bis 90 Prozent der Teilnehmer als hochsensible Lastenträger ein. Aber egal, wie sehr diese Eigenschaft auf den Einzelnen zutrifft, wahrscheinlich wurde er nie darüber aufgeklärt, wie er mit den Lasten dieser Welt und den seelischen Nöten anderer Menschen angemessen umgehen kann. Im Gegenteil, er wird für seine Gabe verurteilt und als überspannt und irgendwie seltsam angesehen – und fühlt sich ja selbst oft so. Die meisten HSL haben Probleme mit Selbstannahme und versuchen ihre Gabe zu ignorieren oder irgendwie zu verstecken. Menschen und ihre Stimmungen ständig wahrzunehmen, kann tatsächlich eine Last sein, wenn man nicht richtig damit umzugehen weiß.

Als HSL sollten Sie unbedingt wissen, wie Sie die Lasten anderer tragen können, ohne dabei unter Druck zu kommen oder sogar Schaden zu nehmen. Dazu müssen Sie jedoch zunächst die Funktion dieser Gabe kennen und die Gabe bejahen. Sie brauchen auch Heilung von seelischen Verletzungen, und dann können Sie lernen, die Gabe im Alltag richtig zu handhaben. Wenn das nicht geschieht, besteht die Gefahr, dass Sie emotional oder körperlich immer wieder an den Rand Ihrer Kräfte kommen. Unser Vorbild für den Umgang mit der Gabe ist Jesus. Er hatte einen äußerst sensiblen Geist, er diente mit der Gabe und trug die Lasten der Menschen. Aber er wusste sich auch zu schützen und ließ manche Leute abblitzen. Er war nicht auf Erfolg aus, sondern zog sich gerne in die Einsamkeit zurück, um mit Gott ungestört Gemeinschaft zu haben und zu regenerieren.

Etwa 70 % der HSL bringen diese Gabe von Geburt an mit. Andere sind aufgrund seelischer Verletzungen oder traumatischer Erfahrungen in der Kindheit in innere Alarmbereitschaft versetzt und reagieren überempfindlich. Ihre ausgebildete hohe Sensibilität ist ihr „Frühwarnsystem", das sie vor erneuten Verletzungen warnen und schützen soll. Nach Elaine Aron gehören etwa 30 % zu dieser zweiten Gruppe. Bei nicht wenigen HSL finden wir jedoch die Kombination aus beiden Faktoren. Wenn Sie dazu gehören, werden Sie erfahren: Je mehr Sie Ihre seelischen Verletzungen aufarbeiten, desto mehr wird sich die Überempfindlichkeit verlieren und Sie können entspannter in Beziehungen leben und die guten Seiten der angeborenen Hochsensibilität schätzen lernen. Mehr dazu in Kapitel 4.

Um konkrete Anhaltspunkte für angeborene Hochsensibilität zu erhalten, hat Elaine Aron den folgenden Fragebogen entwickelt (Quelle: www.hochsensible.de).

Beantworten Sie die Fragen möglichst spontan. Antworten Sie mit „ja", wenn die Aussage zumindest teilweise auf Sie zutrifft, und mit „nein", wenn die Aussage kaum oder gar nicht auf Sie zutrifft. Bei Unsicherheit fragen Sie jemanden, der sie gut kennt.

Fragebogen

☐ Starke Sinneseindrücke überwältigen mich leicht.

☐ Ich kann subtile Veränderungen in meiner Umgebung bemerken.

☒ Die Stimmungen und Gefühle anderer Menschen beeinflussen mich.

☐ Ich bin sehr schmerzempfindlich.

☐ An Tagen, an denen viel los ist, habe ich das Bedürfnis, mich zurückzuziehen – ins Bett, in ein dunkles Zimmer oder einen anderen Raum, in dem ich mich in Ruhe erholen kann.

☒ Ich reagiere besonders stark auf Koffein.

☐ Ich werde leicht überwältigt von Reizen wie grellem Licht, starken Gerüchen, rauer Kleidung oder Sirenengeräusch in meiner Nähe.

☐ Ich habe ein reiches, komplexes Innenleben.

☐ Bei lauten Geräuschen fühle ich mich äußerst unwohl.

☐ Die Wahrnehmung von Musik und/oder Kunst bewegt mich zutiefst.

☒ Manchmal bin ich nervlich so angespannt, dass ich nur noch alleine sein will.

☒ Ich bin gewissenhaft.

☒ Ich bin schreckhaft.

☐ Ich werde unruhig, wenn ich in kurzer Zeit viel zu erledigen habe.

☐ Wenn sich andere unwohl fühlen, weiß ich oft, was man verändern sollte, damit sie sich wohler fühlen (z. B. Beleuchtung oder Sitzordnung ändern).

☐ Ich werde ärgerlich, wenn man von mir erwartet, dass ich mehrere Sachen auf einmal erledigen soll.

☐ Ich bin sehr bemüht darum, keine Fehler zu machen und nichts zu vergessen.

☒ Ich meide Filme und Fernsehsendungen mit Gewaltszenen.

☐ Ich gerate in einen unangenehmen Zustand der Erregung, wenn zu viel um mich herum vorgeht.

☐ Wenn ich sehr hungrig bin, beeinträchtigt das meine Stimmung und Konzentration ausgesprochen stark.

☐ Veränderungen in meinem Leben wühlen mich auf.

☐ Ich registriere und genieße feine Düfte, Geschmäcker, Klänge oder Kunstwerke.

☐ Ich finde es sehr unangenehm, wenn ich mich mit mehreren Sachen gleichzeitig beschäftigen muss.

☐ Für mich hat es eine hohe Priorität, mein Leben so zu organisieren, dass ich Situationen vermeide, in denen ich ärgerlich werde oder mich überwältigt fühle.

☐ Mich stören starke Reize wie laute Geräusche oder chaotische Szenen.

☐ Wenn ich mit anderen konkurriere oder bei Tätigkeiten beobachtet werde, macht mich das so nervös und unsicher, dass ich schlechter abschneide, als ich eigentlich bin.

☐ Als Kind wurde ich von meinen Eltern und Lehrern als sensibel oder schüchtern bezeichnet.

Wenn Sie mehr als 14-mal mit „ja" geantwortet haben, sind Sie wahrscheinlich ein hochsensibler Mensch, aber auch, wenn zwar nicht so viele, einige Aussagen aber besonders stark auf Sie zutreffen.

Diese Liste zeigt, in welchen Lebensbereichen sich die Hochsensibilität auswirkt und schnell auszumachen ist. Alle genannten Merkmale können stärker oder schwächer vorhanden sein oder sogar gänzlich fehlen. Darüber hinaus gibt es weitere Symptome, die sich bei der einen oder anderen HSP zeigen. Unsere fünf Kinder sind alle sensibel, drei sogar hochsensibel. Sie haben vieles gemein und doch unterschiedliche Schwerpunkte. In der Mehrheit scheinen HSP eher introvertierte, stille Menschen zu sein, die anderen als schüchtern erscheinen, wobei es verkehrt ist, Schüchternheit und Hochsensibilität gleichzusetzen. Generell ist sie bei introvertierten Menschen schneller auszumachen als bei extrovertierten, die mehr Lebensenergie haben und weniger Ruhe brauchen. Aber gerade für diese ist es wichtig, ihre Hochsensibilität zu entdecken und zu bejahen.

Beispiele aus dem Alltag

HSP sind meist nicht in der Lage, intensive Eindrücke schnell einzuordnen und abzulegen und zum Tagesgeschäft überzugehen. Sie hören nicht nur eine Botschaft, sondern erfassen gleichzeitig nebenbei so viele andere Informationen, dass es Tage oder sogar Wochen dauern kann, bis eine verwirrende Begebenheit geordnet und eingeordnet ist. Das können z. B. Bemerkungen oder Scherze von Freunden sein, eine bestimmte Aussage in einem Mitarbeiterkreis oder eine aufwühlende Begegnung. Gedanklich kreisen sie immer wieder um diese eine Sache und wissen nicht, welches Gewicht sie ihr tatsächlich beimessen sollen. Diese Gespräche werden innerlich mitgenommen, und in stillen Momenten arbeitet es in den Hochsensiblen an der Lösung, bis sie sie gefunden haben. Nach aufregenden Mitarbeitertreffen benötige ich viel Zeit und Gespräche, um das Geschehene emotional zu verarbeiten, während mein Mann es schnell abhakt und gedanklich schon beim nächsten Projekt ist.

Da Hochsensible unwillkürlich höhere Datenmengen sammeln, sie gründlicher verarbeiten und gleichzeitig Querverbindungen zu abgelegten Erlebnissen suchen, brauchen sie mehr Zeit zum Verarbeiten von Ereignissen oder Informationen, denn sie haben auch cin großes Verantwortungsgefühl für das, was sie bewegt. Wenn etwas Wichtiges dazwischenkommt, geht manches in eine „Zwischenablage", um später weiter bedacht zu werden. Das ist für nicht Hochsensible, die den Vorfall schon längst abgelegt und vergessen haben, oft unverständlich, und entsprechend reagieren sie. Haben HSP zu viele Reize nicht verarbeitet, geht der Prozess innerlich weiter. Dann fühlen sie sich müde und erschöpft, obwohl es dafür keinen offensichtlichen Anlass gibt.

Hochsensible Menschen sind meist gute Beobachter mit einem scharfen Blick für das Wesentliche. Aufgrund ihrer ausgeprägten Wahrnehmungsfähigkeit empfangen sie mehr Informationen als andere, können gut kombinieren und sind unschlagbar, wenn sich ihre Intuition mit gesundem Menschenverstand mischt. Manche werden von kreativen Ideen regelrecht überflutet, andere weniger. Auch lebhafte, intensive Träume gehören bei vielen Hochsensiblen zum Leben.

HSP haben eine niedrigere Reizschwelle als andere Menschen. Eine Überstimulation wird auffällig früher erreicht. Die erhöhte Empfindlichkeit für Details beruht auf schwächeren Filtern in der Wahrnehmung und auf einem erheblich empfindsameren Nervensystem. Im Gehirn gibt es eine Region, die wie ein Filter arbeitet und darüber entscheidet, welche Sinneswahrnehmungen ins Großhirn und damit ins Bewusstsein gelangen und welche nicht. In jeder Sekunde nehmen unsere Sinnesorgane unzählige Informationen auf, aber nur ein winziger Teil dieser Informationsflut erreicht unser Bewusstsein. Was gerade nicht relevant ist, wird ausgeblendet, es sei denn, der Impuls ist zu stark. Es ist anzunehmen, dass bei hochsensiblen Personen dieser Filter schwächer ausgebildet ist oder Reize anders bewertet. Ständig nehmen sie mehr Eindrücke auf als andere Menschen, und so wird viel eher eine unangenehme Überstimulation erreicht. Nebengeräusche wie Straßenlärm, Hintergrundmusik, leise Gespräche oder auch nur eine tickende Uhr können für sie äußerst irritierend und lästig sein, da sie sie nicht oder nur sehr schwer ausblenden können. Diese ständigen „Belästigungen" im Alltagsgeschehen strapazieren ihre Nerven.

Viele Hochsensible reagieren auch sehr heftig auf laute oder plötzlich auftretende Geräusche. Mit meiner Schreckhaftigkeit macht sich immer wieder mal jemand einen Spaß – und ich schreie prompt auf. Laute Musik wird verabscheut. Wahrscheinlich erinnern sich Hochsensible auch, als Kind das laute Geräusch des Föhns oder Staubsaugers nicht gemocht zu haben, geschweige denn das Kreischen einer Bohrmaschine. Eins unserer Kinder hatte lange Zeit große Angst vor dicken, lauten Lastwagen, wenn sie auf der Straße vorbeifuhren. Für HSP-Kinder ist Klassenlärm oft unerträglich, er vermindert ihre Konzentration und Lernfähigkeit. Festzustellen ist auch eine erhöhte Empfindlichkeit gegenüber „kratzenden" Kleidungsstoffen. Bitte hören Sie auf Ihr hochsensibles Kind, wenn es behauptet: „Das tut weh" oder: „Das kratzt", und meinen Sie nicht, es nun gerade abhärten zu müssen gegen diese Überempfindlichkeit der Haut. Das geht nicht, Sie werden es nur verletzen. Manche sind auch kälte- und zugluftempfindlich; schnelles Frieren ist typisch für viele HSP.

Es ist normal, dass Hochsensible auf Medikamente anders reagieren als andere. Bei vielen, allgemein gut verträglichen Mitteln machen ihr Magen oder Kreislauf nicht mit. Ich gehöre oft zu den Ausnahmen, die an den sonst selten auftretenden Nebenwirkungen eines Medikaments leiden. Die normale Beruhigungsspritze vor chirurgischen Eingriffen z. B., die alle anderen schläfrig macht, hat bei mir die gegenteilige Wirkung. Da ich meine Unverträglichkeiten mittlerweile kenne, informiere ich die Ärzte vorab. Einige HSP benötigen nur die halbe Dosis Schmerzmittel. Hochsensible sollten herausfinden, welche Medikamente für sie unverträglich sind, und unbedingt mit ihrem Arzt über die Bedeutung ihrer hohen Sensibilität reden. Auch das Schmerzempfinden ist bei vielen HSP ausgeprägter, besonders Zahn- und Kopfschmerzen plagen sie. Manche mögen es auch nicht, fest angefasst zu werden, es tut ihnen einfach weh. Oder sie können keinen Hunger aushalten, weil er als Schmerz im Magen wahrgenommen wird.

Generell fällt auf, dass hochsensible Menschen sich durch ein sehr starkes Harmoniebedürfnis auszeichnen. Streit, insbesondere Familienstreit, ist für alle HSP eine emotionale Katastrophe, sie meiden ihn, so gut sie können. Bei Streit mit ihnen nahestehenden Personen verlieren sie die emotionale Sicherheit, die sie im Leben so dringend brauchen. Darum erdulden sie lieber Unrecht und zahlen drauf, als einen Streit zu verursachen. Das ist jedoch nicht immer weise, denn für eine gesunde Persönlichkeitsentwicklung ist es nötig, sich behaupten zu können. Sie müssen unbedingt lernen, dass man Grenzen setzen und Konflikte lösen kann, ohne dass dadurch

Beziehungen zerbrechen oder jemand in seiner Seele zu Schaden kommt. Besonders für hochsensible Eltern ist es wichtig, Kindern angemessene Grenzen zu setzen. Das wird Kinder nicht zerbrechen, sondern ihnen emotionale Sicherheit geben.

Manche HSP empfinden es als zu laut oder als Anschreien, wenn ihr Partner bei einem Thema seinen Standpunkt etwas bestimmter vertritt. So reagieren sie vor allem, wenn sie bereits erschöpft oder wenn sie angespannt sind, weil ihnen ein Thema innerlich viel bedeutet. Wir hörten von einer jungen Frau, die die Fahrprüfung erst im dritten Anlauf bestand, obwohl sie eigentlich alles konnte. Sie war so sensibel, dass es sie schon fertigmachte, wenn der Fahrlehrer in sachlichem, für ihre Begriffe kaltem Ton seine Anweisungen gab und die Atmosphäre im Auto durch den Prüfer angespannter war als sonst.

Manchen Hochsensiblen verschlägt es in herausfordernden oder neuen Situationen regelrecht die Sprache. Trotz guter Vorbereitung sind sie dann nicht in der Lage, ihr Anliegen vorzubringen oder einen Vortrag zu halten. Ihr Kopf ist einfach leer, alles, was sie sagen wollten, ist wie weggefegt. Das kann sehr peinlich sein, besonders in Prüfungssituationen. Dazu gibt es die nette Geschichte von Franz von Assisi, der zweifelsfrei ein HSL war. Er sollte einmal vor dem Papst und den Kardinälen sprechen. Seine Predigt hatte er gut ausgearbeitet und auswendig gelernt. Aber als er vor diesen Kirchenfürsten stand, brachte er kein Wort hervor. Wie löste er diese peinliche Situation? In einer Biografie steht: „Das gestand Franziskus den Herren offen ein und rief dann die Gnade des Heiligen Geistes an. Und plötzlich strömten aus seinem Munde so machtvolle Worte, dass er die Gemüter der erlauchten Herren zur Einkehr bewegen konnte und allen klar war, hier rede nicht er, sondern der Geist des Herrn" (Quelle unbekannt).

Ich kann Franz von Assisi sehr gut verstehen, denn ich habe oft ähnliche Situationen erlebt. Meine Arbeit bei *Team.F* bringt es mit sich, dass ich Vorträge halten muss. Das tue ich gerne, spreche auch frei, aber ich muss mich immer ausführlich auf einen Vortrag vorbereiten und absolut sicher wissen, was ich sagen will. Bestimmte

Schlüsselsätze schreibe ich genau auf. Ich weiß, dass mich in der Vortragssituation die auf mich einströmenden Eindrücke verwirren und lähmen können. Da muss ich einfach sicher sein, dass mein Text genau vorhanden ist, damit ich mich daran festhalten kann, falls mich meine starke Wahrnehmung und Gefühle blockieren sollten. Aber wenn ich die Hürde genommen und mich auf eine Gruppe eingestellt habe, kann ich frei und mit großer Klarheit sprechen. Da ich genau spüre, wo die Zuhörer innerlich stehen, bringe ich manchmal spontan Gedanken, die nicht im Konzept stehen, und erreiche so ihre Herzen.

Erhöhte Sensibilität zeigt sich auch an einem scharfen Auge oder einer sehr feinen Nase. Hochsensible Personen können Kunst oder die Schönheit der Natur genießen und sind irritiert, wenn Farben oder Kleidungsstücke nicht zueinander passen. Auch feinste Gerüche können sie wahrnehmen. Sie lieben ganz bestimmte Parfums, das Essen muss richtig gewürzt sein und darf nicht angebrannt schmecken. Wenn ihre Nase etwas nicht mag, reagieren sie allergisch oder auch schon mal mit starker Übelkeit. Ich z. B. rieche es, wenn unser Abfalleimer etwas länger nicht geleert wurde oder Frittierfett schon ein wenig älter ist. Dann vergeht mir der Appetit und ich ekele mich. Auch auf ungewohnte chemische Stoffe, auf stickige Luft oder feinste Rauchspuren in der Kleidung reagiere ich.

Mit Überstimulation fertig werden

Wie bereits gesagt, ist eine bestimmte neurologische Beschaffenheit des Gehirns die Grundlage der Hochsensibilität. Man könnte es so ausdrücken: Die Gehirnfunktion „Informationsfilter" ist schwächer ausgebildet. Oder so: Das empfindsame Nervensystem der HSP arbeitet wie ein großer Radarschirm. Als Folge nehmen sie alle Informationen oder Außenimpulse wie durch einen Verstärker wahr. Geräusche, Klänge, Bilder und Farben, Harmonien und Disharmonien, Stimmungen und Gefühle, Begegnungen und Gespräche: Die ganz normalen Lebensimpulse empfinden sie lauter, eindringlicher, intensiver als andere Menschen, und entsprechend leiden und reagieren sie.

Das bedeutet, sie sind einer ständigen Reizüberflutung ausgesetzt, die es zu bewältigen gilt. Das kostet emotionale Kraft, und so fühlen sich HSP schneller überfordert, gestresst und ausgelaugt. Wenn ein anstrengender Tag zu Ende geht, können ihre Energiereserven innerhalb weniger Augenblicke vollkommen erschöpft sein. Dann überstehen sie den Abend nur mit Mühe oder gehen gleich früh schlafen. Das kann frustrierend sein, wenn man sich für den Abend etwas Schönes vorgenommen hatte. Selbst ein zur Entspannung gedachtes Abendprogramm wie ein Kinobesuch oder das Zusammensein mit guten Freunden kann in solchen Situationen einem Hochsensiblen einfach zu viel werden, weil seine Kapazität, neue Reize aufzunehmen, erschöpft ist. Das ist oft für das Umfeld ärgerlich und unverständlich, besonders für Ehepartner und Freunde, die sich auf eine gemeinsame schöne Zeit gefreut haben. Aber es bringt nichts, HSP dann zum Durchhalten zu überreden. Den größten Gefallen tut man ihnen, wenn man sie einfach akzeptiert und in Ruhe lässt oder ihnen Arbeit abnimmt, damit sie sich einen Moment regenerieren können. Mir hilft es in solchen Fällen sehr, wenn ich mich eine halbe Stunde ausklinke, mich zurückziehe und hinlege und die Augen schließe. Damit kann ich meine emotionalen „Batterien" wieder so weit aufladen, dass ich für den Rest des Tages fit bin.

Jeder Mensch kennt die Reaktionen auf Überforderung: Man möchte sich zurückziehen oder weglaufen, und wenn das nicht geht, wird man aggressiv. Auch unser Körper reagiert auf eine bestimmte Weise auf Überforderung und sendet frühzeitig seine Signale. Hochsensible sollten ihre Symptome für Überstimulation und Überforderung kennen und deren Botschaft verstehen. Länger anhaltende Symptome sind eine dringende Warnung, am Lebensstil etwas zu ändern, damit es nicht zu stärkeren Ausfällen wie *Burnout* oder anderen Krankheiten, z. B. einem Herzinfarkt, kommt. Typische körperliche Symptome sind: heftige Erregung mit schnellem Herzschlag, Schweißausbrüche, erschreckter Blick, Hautrötungen, Verspannungen im Bereich der Schulter- und Halswirbelsäule, im Nacken oder auch im Kehlkopf oder Kiefergelenk, Einschlaf- und Durchschlafprobleme. Oft geht damit das Gefühl einher, ausgeliefert und hilflos zu sein, verbunden mit starker Gereiztheit, Wut und auch Verwirrung.

Wenn hochsensible Menschen abschalten wollen, brauchen sie absolute Ruhe. Um emotional „runterzukommen", tauchen sie am besten in eine andere Welt ein. Ich lese zur Entspannung gerne einen Roman oder sehe mir einen Film an, am liebsten solche wie die Krimis von Agatha Christie: fiktive Geschichten, bei denen ich sicher weiß, dass am Ende der Böse bestraft wird. Sonst halte ich es nicht aus. Bei sehr packenden Büchern lese ich irgendwann das Ende, damit ich den Inhalt genießen kann. Entspannen kann ich sehr gut bei lustigen Filmen, bei denen es viel zu lachen gibt. Sendungen über das Dritte Reich, über Kriege und reale Gewaltszenen kann ich nicht aushalten. Selbst wenn es in normalen Filmen zu spannend wird, oder bei Übertragungen von packenden Sportwettkämpfen verlasse ich den Raum. Die Fußballweltmeisterschaft 2006 war für andere ein Riesenspaß, für mich eine Qual. Besonders, wenn die deutsche Mannschaft spielte, hielt ich es nicht aus. Diese Spannung war für mich einfach zu viel Stress. Andere Hochsensible haben ein Hobby oder sie treiben Sport zur Entspannung oder hören bestimmte Musik. Ich kann auch gut bei einem Spaziergang im Grünen oder bei leichter Gartenarbeit zur Ruhe kommen.

Im Allgemeinen sind Hochsensible sehr freundliche Menschen, es sei denn, dass sie sich aufgrund ihrer seelischen Verletzungen hart und unnahbar gemacht haben. Sie können gut zuhören und haben ein herausragendes Einfühlungsvermögen. Für Menschen mit Problemen sind sie eine begehrte Anlaufstelle, und oft finden wir sie auch in Berufen, die ihrer Gabe entsprechen. Sie helfen gerne, auch wenn sie dafür ihre eigenen Interessen zurückstecken müssen. Ständig stehen sie in Gefahr, sich von anderen ausnutzen zu lassen.

Ihre herzliche und respektvolle Art wird leider nicht immer honoriert; oft werden sie missverstanden und abgelehnt, weil sie „so anders" sind. Aufgrund ihrer Zurückhaltung werden sie oft unterschätzt. Sie sind schnell verletzbar und schon oft verletzt worden, und so neigen sie dazu, sich aus vielen gesellschaftlichen Aktivitäten zurückzuziehen. Sie umgeben sich lieber mit wenigen, aber sicheren Freunden oder werden sogar zum Einzelgänger.

Da sich die meisten Hochsensiblen aufgrund ihrer Lebensgeschichte oft selbst minderwertig und unsicher fühlen (zu Unrecht), haben sie Mühe, sich richtig „zu verkaufen". Sie bezweifeln ihre Fähigkeiten, spielen sie herunter und geben sich für bestimmte Arbeiten unter Wert her. Lieber lassen sie sich ausnutzen, als andere zu schädigen oder jemandem zur Last zu fallen. Arbeiten sie freiberuflich als Seelsorger, haben sie mit dieser Haltung kaum eine Chance, ihren Lebensunterhalt zu verdienen, selbst wenn sie exzellente Arbeit leisten.

Ihre ausgeprägte Intuition lässt HSP vieles in Gruppen und in der Gesellschaft wahrnehmen, was anderen entgeht. So erkennen sie frühzeitig Gefahren und Trends und können Fehlentwicklungen abwenden. Aber wer hört schon auf sie, oder wer würde es ihnen zutrauen oder gestatten? Meist trauen sie es sich selbst nicht zu, ihre Vorsicht und ihr mangelnder Selbstwert steht ihnen dabei im Weg. In plötzlichen Krisen jedoch, wenn alle kopflos reagieren, sind sie es, die die Dinge in die Hand nehmen, überlegt handeln und die Krise managen. Danach fühlen sie sich oft ausgelaugt und zermürben sich mit der Frage, was sie hätten besser machen können. Dabei hätte es keiner besser machen können!

Manchmal werden hochsensible Personen gegen ihren Willen in Leiterpositionen gedrängt. Man vertraut ihnen, weil sie „durchblicken", ausgewogen sind und Krisen souverän meistern können. Sind sie innerlich heil, können sie die Aufgaben auch durchaus gut bewältigen. Aber sie reißen sich nicht um diese Posten, denn sie wissen, dass sie dafür eigentlich nicht geschaffen sind. Die ständige Verantwortung, gepaart mit großem Pflichtgefühl und starker Wahrnehmungskraft und dem Vorsatz, niemand zu verletzen, führt bald zum Gefühl des Versagens. Sie können den manchmal widersprüchlichen Anforderungen einer Leiterposition nur schwer gerecht werden. Das alles kostet sie viel Kraft, laugt aus und macht tief unzufrieden. Viele werden dann hart und kontrollierend, um die Situation zu meistern, andere schmeißen die Sachen hin und flüchten, für ihre Umgebung vollkommen unverständlich, aus der Position. Hochsensible sind nun mal nicht die geborenen Anführer, die kriegerischen Könige, sondern entfalten ihre Stärken lieber in deren Schatten als priesterliche Ratgeber.

An dieser Stelle möchte ich kurz auf meine Lieblingsperson im Alten Testament zu sprechen kommen, auf Joseph, Jakobs zweitjüngsten Sohn. Mit ihm kann ich mich gut identifizieren, denn er hat viele Eigenschaften und eine Lebensgeschichte, wie sie für HSP typisch sind. Joseph war der Außenseiter, das „schwarze Schaf" unter seinen Brüdern. Er träumte intensiv und wusste früh, was passieren würde. Aber er handelte unweise und verdarb es sich so mit seinen älteren Brüdern. Um ihn loszuwerden, verkauften sie ihn nach Ägypten. Dort erfuhr er wegen seiner hohen moralischen Standards Ablehnung und landete zu Unrecht im Gefängnis. Am Tiefpunkt seines Lebens „rettete" ihn seine prophetische Gabe, die ihm schon so viel Ärger eingebracht hatte, und er erhielt aufgrund seiner Weisheit eine hohe politische Position, eine Position, die er sich selbst nie hätte nehmen können oder wollen. So wurde er zum Retter des ganzen Volkes und seiner Familie. Am Ende lesen wir: „Joseph tröstete seine Brüder und redete freundlich mit ihnen" (1. Mose 50,21). Hochsensible Lastenträger betätigen sich einfach gerne als Retter, Helfer, Tröster und Friedensstifter. Und wie Joseph brauchen sie oft jemanden, der erkennt, was in ihnen steckt, und ihnen eine sichere Position gibt, in der sie zum Wohl anderer agieren können.

Der folgende persönliche Bericht beschreibt noch einmal einige typische Merkmale eines HSL. Er wurde von Martin geschrieben, einem Mann, der sich selbst niemals als hochsensibel eingeschätzt hätte, denn sein Verhalten war vornehmlich dominant/gewissenhaft, also zielorientiert und sachlich (nach DISG, einem Modell der Beschreibung von Verhaltensstilen). Nach außen erscheint so jemand eher hart oder distanziert, nicht sensibel und mitfühlend.

Als Christa am letzten Tag der Seelsorgewoche über die Lastenträger sprach, dachte ich spontan: Endlich mal ein Thema, das dich nichts angeht, das kannst du dir gut anhören. Die anderen Themen hatten mich stark genug beschäftigt. Meine Frau ist ein klassischer Lastenträger, sie leidet mit den Menschen, hält immer zu den Schwachen und kann keine Filme mit Gewalt sehen. Ich, der ich eher dominant und zielstrebig veranlagt bin, konnte mir nicht vorstellen, so ein Lastenträger zu sein. Und doch trafen bei mir einige Sachverhalte sehr zu, und so war ich am Ende des Vortrags einigermaßen verwirrt, weil ich spürte, dass das Thema doch viel mit mir zu tun hatte.

Kunst und Musik: Ich liebe Landschaften und ich liebe warme, mediterrane Farben, und infolgedessen liebe ich sehr die Malerei. Eine Galerie zu besuchen macht mir große Freude. Ich habe wieder angefangen, selbst zu malen, was für mich die reinste Entspannung ist.

Musik stimuliert mich sehr, besonders gefühlvolle Balladen. Ich kann mich von Musik richtig wegtragen lassen und in eine andere Welt eintauchen. Bei Filmen rühren mich „Herzszenen" fast immer so sehr, dass ich mir Tränen aus den Augen wischen muss. Auch Anbetung und Lobpreis haben große Bedeutung für mich. Da spüre ich Gottes Liebe und Nähe besonders intensiv und kann es kaum nachvollziehen, dass andere das nicht so empfinden. Ich lerne gerade, Menschen, die nicht diese hohe Sensibilität haben, geistlich nicht zu verurteilen.

Ruhebedürfnis: Ich habe ein sehr starkes Bedürfnis nach Ruhe-Inseln im Alltag. Ich kann Spaß mitmachen, Gemeinschaft genießen und Feste feiern, muss mich dann aber auch wieder zurückziehen und Abstand gewinnen. Bis heute kann ich nicht lesen und mich konzentrieren, wenn im Hintergrund eine Geräuschkulisse ist. Selbst der krähende Hahn des Nachbarn geht mir furchtbar auf die Nerven. Jetzt weiß ich, dass ich für mich selbst mehr Ruhezeiten einplanen muss.

Als unsere Kinder klein waren, empfand ich den Familienurlaub immer als anstrengend. In den Ferienhäusern, die wir anmieteten, belastete mich die Geräuschkulisse durch meine vier Kinder so, dass ich oft richtig wütend wurde und bereute, mit ihnen in Urlaub gefahren zu sein. Manchmal fand ich diese innerliche Erregung und Wut so schrecklich, dass ich schon glaubte, dämonisch belastet zu sein. Aufgrund meines häufigen Ärgers entwickelte sich eine problematische Beziehung zu meinen Kindern. Erst nach der Teenagerphase besserte sich unsere Beziehung. Das bedauere ich heute sehr, denn ich liebe meine Kinder von Herzen. Es ist für mich erschreckend, wie verletzend ein hochsensibler Lastenträger sein kann, wenn er seine Gabe nicht versteht. Langsam verstehe ich die Zusammenhänge, und das hilft mir, mein Leben besser zu ordnen.

Lasten anderer Menschen: Bekannten sehe ich an, wie es ihnen geht, ohne sie zu fragen. Dann habe ich sehr stark das Bedürfnis, vollmächtig für sie zu beten, damit sie augenblicklich heil werden. Ich sehne mich so sehr nach Vollmacht, um die Nöte der Menschen zu heilen. Oft nehme ich jemanden in den Arm und drücke ihn fest, um damit auszudrücken: „Du bist geliebt. Du bist etwas ganz Besonderes. Du bist wertvoll. Ich sehe das in dir. Ich verstehe dich." Ermutigen, trösten, segnen – das sind meine größten Wünsche im geistlichen Dienst. Aber ich lerne mehr und mehr: Jesus ist der Retter, nicht ich. Ihm muss ich die Lasten abgeben, denn ich selbst kann sie nicht tragen.

Gottes Stimme: Wenn die innere Spannung stimmt, keine Aufgewühltheit und bewusste Sünde mich hindert, kann ich gut in die Gegenwart Gottes eintreten und seine Stimme hören. Ich empfange viele Bilder. Gerade hierdurch erfahre ich Gottes Reden. Ich habe damit gute Erfahrungen gemacht, die mir bestätigen, dass in diesem Bereich bei mir ein echtes Empfinden vorhanden ist. So erlebe ich es öfter, dass die Menschen, für die ich Eindrücke weitergebe oder bete, zu Tränen gerührt sind. Es ist eigentlich nichts Besonderes, aber irgendwie springt etwas über, was sie berührt. Ich erlebe es auch heute oft als sehr hilfreich in der Seelsorge, dass ich spüre, wo ein Problem liegt und welche Schritte dran sind, um zu einer Lösung zu kommen.

Gemeinde und Gottesdienst: Schon nach den ersten Klängen spüre ich, ob Lobpreis von Herzen kommt und ehrlich ist oder nicht. Ebenso bei Predigten. Es kann gut sein, dass ich ein oberflächliches Getue nicht aushalte und den Gottesdienst verlassen muss. Das war für mich früher sehr verwirrend und es führte dazu, dass ich schnell verurteilte. Oft habe ich durch meine Kritik Menschen aufgebracht und galt darum bei manchen als Nörgler und Kontrolleur. Das empfand ich als äußerst ungerecht und hatte entsprechend mit viel Bitterkeit zu kämpfen. In diesem Bereich empfinde ich die Sensibilität mehr als Last denn als Gabe.

In meiner früheren Gemeinde gab es viele Verletzungen und etliche ungelöste Konflikte. Doch man kehrte alles unter den Teppich und machte einfach so weiter, als wäre nichts gewesen. In den Gottesdiensten war mitunter so viel Bedrückung zu spüren, dass ich es kaum aushalten konnte. Eine befreundete

Frau, die auch ein Lastenträger ist, bestätigte dies mit den Worten: „Ich könnte platzen." Meine Frau empfand es so, als müsse sie gleich schreien. Genauso ging es mir. In diesem Zusammenhang glaube ich zu erkennen, dass durch Verletzungen und sündhaftes Verhalten dämonischen Mächten Eingang gewährt wird. Es wäre für mich sehr interessant zu wissen, ob Hochsensible ein besonderes Gespür für geistliche Kämpfe haben und von Gott mit entsprechenden Geistesgaben ausgerüstet werden, wie die Gabe der Geisterunterscheidung oder die Gabe der Weisheit und Erkenntnis.

Was habe ich gelernt? Eigentlich wollte ich immer stark sein, alles im Griff haben, ein John Wayne des Lebens wollte ich sein. Aber die sensible Art hat immer durchgeschlagen. Ich kenne Hochs und Tiefs, seelische Schwankungen bis hin zu depressiven Phasen. Ich habe gelernt, damit zu Jesus zu gehen, und seine Liebe und seinen Geist in mein Herz fließen zu lassen, damit Frieden und Heilung geschehen kann. Obwohl das hilft, habe ich früher diese sensible Art gehasst, da sie mir so oft im Weg stand. Ich habe das Gefühl, dass meine Gaben und Fähigkeiten dadurch immer wieder stark eingeschränkt oder sogar zunichte gemacht wurden.

Früher wurde mir unterstellt, ich ließe mich zu sehr von Gefühlen leiten. Das glaubte ich auch. Mittlerweile lerne ich immer mehr, meine Gefühle von den Regungen des Heiligen Geistes zu unterscheiden. Und ich weiß, es ist kein Unsinn, was ich empfinde, nur weil andere das nicht nachvollziehen können.

Ich muss sehr auf mein Herz aufpassen. Wenn ich z. B. nach einem schwierigen Gottesdienst oder Gespräch verwirrt und belastet bin, muss ich schnell ins Gebet gehen, um die ganze Last abzugeben und um Frieden und Heilung zu beten. Durch das Gebet und das Wort Gottes werde ich wieder klar und ruhig. Ein wichtiger Vers ist für mich Sprüche 4,23: „Mehr als alles hüte dein Herz, denn von ihm geht das Leben aus." Dieser Vers begleitet mich nun schon durch meinen ganzen seelsorgerlichen Heilungsprozess.

Die Lehre über HSL hat mich sehr entspannt. Ich habe mit meiner hohen Sensibilität Frieden geschlossen und sehe sie nicht mehr als Fluch, sondern als Gabe, auch wenn ich weiterhin lernen muss, richtig damit umzugehen. Ich habe bereits sehr an Sicherheit gewonnen, dieses Empfinden in gleicher

Weise zu beachten wie die logische Urteilsfähigkeit. Bei den unterschiedlichsten Entscheidungen, auch in beruflichen Belangen, messe ich nun den inneren Eindrücken ebenso großen Wert bei wie der sachlichen Beweisführung.

Dieser Bericht zeigt u. a.: Wenn wir über sensible oder hochsensible Personen sprechen, ist ein Vorurteil zu überwinden. Nicht wenige verbinden mit dem Begriff „sensibel" das Klischee einer weiblichen Person, eine Art schüchternes Mauerblümchen, oder sie denken an die alte Tante, die mit ihrer Überempfindlichkeit die ganze Familie manipuliert. Aber in Bezug auf Hochsensibilität sind diese Vorstellungen irreführend! Hochsensibilität ist zu gleichen Teilen unter den Geschlechtern verbreitet, aber Männer verbergen ihre hohe Sensibilität eher, weil sie sie als unmännlich empfinden. Unsere Gesellschaft gesteht Mädchen und Frauen gerne Sensibilität als typisch weibliche Eigenschaft zu, während von Männern Stärke und Durchsetzungsvermögen erwartet wird. Unter diesem Erwartungsdruck wachsen hochsensible Jungen heran und müssen mit ihrer Hochsensibilität spätestens in der harten Schulrealität zurechtkommen. Weil sie nicht den gesellschaftlichen Erwartungen und Normen entsprechen, erleben sie in ihrer Kindheit viel mehr Unverständnis und Ablehnung und sind stärker verletzt als weibliche HSP. Entsprechend haben sie gravierendere Identitätsprobleme.

Um nicht aufzufallen und um dazuzugehören, haben sich viele Männer in der Kindheit eine harte Schale zugelegt. So funktionieren sie erwartungsgemäß, aber innerlich kämpfen sie ständig gegen die starke Zerrissenheit zwischen ihrer Sensibilität und der zugelegten Rolle. Meist entscheiden sie sich, die harte Männerrolle weiterzuspielen, weil sie sich da sicherer fühlen. Ich denke, dass zu dieser Gruppe viele Männer gehören, die im Beruf erfolgreich sind, sich aber aus ihrer Verantwortung in der Familie stehlen, indem sie viel schweigen und ein Eigenleben führen oder indem sie versuchen, die Familie zu kontrollieren. In dem Beispiel von Martin wird dieses Dilemma deutlich. Neben der Information über seine Hochsensibilität braucht er innere Heilung und Begleitung, um in seiner neu gefundenen Identität sicher zu werden. Auf einige Fragen, die Martin formuliert hat, gehen wir später ein.

Hochsensibilität zeigt sich jedoch nicht nur in Beziehungen. Vor allem bei Männern gibt es oft eine ausgeprägte Hochsensibilität im technischen Bereich. Viele Tüftler und Erfinder sind hochbegabt und hochsensibel. Sie nehmen kleinste Veränderungen wahr und sind kreativ darin, Lösungen für schwierige Probleme zu finden. Am liebsten arbeiten sie allein und ungestört an ihren Projekten. Nicht wenige Nobelpreisträger sind hochsensible Menschen. Ihre Gabe hat sie erfolgreich und bekannt gemacht, aber als HSP lieben sie es nicht, im Rampenlicht der Öffentlichkeit zu stehen. Isaac Newton (1643–1727), einer der bedeutendsten Wissenschaftler überhaupt, hatte alle Anzeichen einer hochsensiblen Person. Er galt als zerstreut, kannte Depressionen und lebte einsam, nur für seine wissenschaftlichen Studien der Physik, der Mathematik und der Chemie.

Kapitel 2

Typische Lebensgeschichte eines hochsensiblen Lastenträgers

Hochsensible Lastenträger mit einer glücklichen, behüteten Kindheit und Schulzeit können sich mit einem gesunden Selbstwert und einer guten Identität entwickeln. Sie kennen ihre Gaben und Grenzen, sie bejahen sich selbst und finden ihren Platz oder ihre Nische, wo sie ihrer Natur gemäß gut leben und arbeiten können. Sie haben keine nennenswerten Lebensprobleme. Mit der folgenden Beschreibung können sie sich darum nur bedingt identifizieren. Aber leider scheinen diese glücklichen, lebensfrohen HSL in der Minderheit zu sein. Aufgrund weniger idealer Umstände in der Kindheit und ihrer vielen negativen frühkindlichen Erfahrungen sind viele von ihnen dem Leben gegenüber eher zurückhaltend oder sogar negativ eingestellt. Was ist geschehen?

Von der Empfängnis bis zur Kleinkindzeit

Elaine Aron ist der Frage nachgegangen, ob Hochsensibilität erworben wird, und kam zu dem Schluss, dass sie von Beginn des Lebens an vorhanden sein muss. Viele HSP haben ihre Hochsensibilität auch ererbt. Wenn man sich in der Eltern- oder Großelterngeneration oder der engeren Verwandtschaft umsieht, werden viele HSP sicherlich weitere hochsensible Personen aufspüren. Mit etwas Training kann man vielleicht entdecken, dass gerade die, die als hart und schroff gelten, eigentlich sehr sensibel sind. Die Härte ist lediglich ihr Schutz, um im Leben bestehen zu können.

Hochsensible Kinder nehmen von Anfang an alle Lebensimpulse intensiver wahr und reagieren dementsprechend auch stärker darauf als andere Menschen. Von der Zeugung bis etwa zum zweiten Lebensjahr lebt ein Kind in Symbiose mit der Mutter; es kann die eigenen Gefühle und Bedürfnisse nicht von denen seiner Mutter unterscheiden. Es bildet eine emotionale Einheit mit der Mutter. Die Mutter ist seine ganze Welt, die Mutter ist sein Leben, und alles, was die Mutter erlebt, erlebt auch das Kind. Das bedeutet: Alle Gefühle, ja sogar Gedanken der Mutter wirken sich auf das Ungeborene und auch noch auf ein Kleinkind aus. So nimmt ein Kind auch teil an den Lasten und Sorgen der Mutter und somit an den Nöten der Familie und des sozialen Umfeldes. Diese ersten Informationen über „das Leben da draußen" können sehr negativ und sogar bedrohlich sein, und das Baby befindet sich auf dem Weg hinein in dieses harte und ungerechte Leben. Wie soll es damit umgehen? Da Hochsensibilität schon vor der Geburt wirksam ist, hat besonders ein sensibles Kind schon im Mutterleib „alle Antennen ausgefahren" und erhält wahrscheinlich mehr Informationen als andere Ungeborene. Es sieht die Welt durch die Brille der Gefühle der Mutter und muss eventuell Reize und Informationen verarbeiten, mit denen es überfordert ist. Es trägt die Last der Mutter mit und weiß nicht, dass das „nur" Mutters Sorgen sind, dass sie diese Probleme lösen muss und meist auch lösen kann. So trifft ein Kind bereits im Mutterleib die ersten positiven oder negativen Lebensentscheidungen und legt damit den Grund für die eigene Lebensausrichtung.

Wenn die Umstände nach ihrem Empfinden sehr hart sind, wollen manche Kinder lieber gar nicht in diese Welt hineingeboren werden: Die Geburt verzögert sich oder verläuft sehr problematisch. Immer wieder begegnen uns hochsensible Lastenträger mit ausgeprägter Lebensverweigerung oder sogar einer tiefen Todessehnsucht. Innerlich bewegt sie ständig die Frage, warum sie in dieser bösen, harten Welt leben müssen, und sie haben Sehnsucht, aus der Realität zu fliehen oder zu sterben. Manche schaffen sich Traumwelten als Zufluchtsort für ihre Gedanken und Gefühle. Nicht selten hängt sich an die Todeswünsche auch ein „Geist des Todes". Diese Menschen brauchen Befreiung aus ihrem schmerzhaften Joch der inneren Verlorenheit und auch von den Todesmächten. Das mag für manche Leser bizarr klingen, aber wir erleben es in der Seelsorge sehr oft als Realität. Wenn Ratsuchende diese Zusammenhänge erkennen, im Gebet Trost und Heilung von Jesus empfangen und sich neu für dieses Leben entscheiden, werden sie wirklich frei und erhalten ein ganz neues Lebensgefühl.

Sehr viele hochsensible Kinder entscheiden sich auch dazu, die Verantwortung für das Wohlergehen der Mutter zu übernehmen. Sie wollen ihr keine Umstände machen und sogar ihr Retter sein. Diese Grundentscheidung kann sie ein Leben lang an Mutter (oder Vater oder jemand anderen) binden. Wenn sie nicht entlastet werden und sich neu entscheiden, tragen sie oft ihr Leben lang die Last dieser falschen Verantwortung. Je sensibler Kinder sind, desto schwerwiegender wirken sich die vorgeburtlichen oder frühkindlichen Erfahrungen aus. Diese Zusammenhänge zu kennen ist hilfreich für den Heilungsprozess, über den wir später noch sprechen werden. Sabine erzählte uns dazu:

> Mein Vater hatte eine schwere Kindheit durch den Weltkrieg und die Flucht. Eine seiner wichtigen Botschaften war: „Das Leben ist eine Last." Als hochsensibles Kind spürte ich seine Lebenslast, trug sie mit und nahm so sein negatives Lebensmotto auch für mein Leben an. Für mich war diese Aussage Wahrheit. Deutlich wurde mir das, als ich selbst Mutter wurde und mich wunderte, warum ich mein Leben immer als so schwer empfand, obwohl es eigentlich ganz normal verlief. Dazu kam, dass meine Mutter vor mir zwei Fehlgeburten gehabt hatte. Um nicht wieder enttäuscht zu werden, hatte sie sich natürlich mit der Freude über mein Kommen sehr zurückgehalten. Heute weiß ich, dass ich mich auch mit ihr identifizierte, denn ich hatte lange Zeit Probleme, mich richtig zu freuen. Ihre fehlende Freude verstärkte meine negative Lebenssicht, und so wurde ich ein recht ernster Mensch. Gute Seelsorge offenbarte mir diese Zusammenhänge. Ich brachte die Last meines Vaters und meiner Mutter zum Kreuz und bat Jesus um Vergebung dafür, dass diese Lügen mein Leben

hatten bestimmen können. Ich löste mich auch von der Fest-
legung, mein Leben als schwer zu empfinden. Danach wurde
mir leicht und das Leben begann Spaß zu machen. Jesus hat
mich mit der Leichtigkeit und Lebensfreude beschenkt, die ich
schon immer haben sollte.

Was kann eine Mutter tun? Sie kann ihr Kind ja nicht vor allen
Lasten, Nöten, Ängsten und negativen Gedanken abschotten. Aber
sie kann es davor schützen, dass eine negative Botschaft zu stark
wird. Zum Glück hinterlässt nicht jeder negative Gedanke oder
jede problematische Erfahrung einen bleibenden Eindruck beim
Kind. Aber wenn eine Mutter über längere Zeit eine persönliche
Not trägt oder eine plötzliche schmerzvolle Erfahrung verarbeiten
muss, kann sie ihr Kind, ganz gleich in welchem Alter (auch schon
vor der Geburt!), entlasten, indem sie diese Botschaft vermittelt:
„Sei ruhig, mein Kind, das ist jetzt Mamas Last, ich schaffe das
schon (mit Jesus), du brauchst dich nicht darum zu kümmern. Es
geht schon in Ordnung." Wenn das ihre Haltung ist und sie diese
dem Kind zuspricht, entlastet sie es, und es kann sich entspannen.
Aber wer versteht es, so zu beten oder mit einem Kind zu reden,
noch dazu mit einem Ungeborenen?

Jedes Kind lernt, die eigenen Emotionen von denen der Mutter
und anderer Menschen zu unterscheiden. Das sogenannte „Trotz-
alter" ist die wichtige Lebensphase, in der das Kind die Symbiose
mit der Mutter löst und emotional eigenständig wird. Ein Kind
muss Nein sagen dürfen und können, um sich auch später im Leben
angemessen abgrenzen zu können. Geschieht dies nicht oder nicht
ausreichend und erklären die Eltern (auch später im Leben) nicht
den richtigen Umgang mit emotionalen Lasten, wird solch ein
Mensch häufig in seinen Gedanken und Gefühlen verwirrt, wenn
er Lasten wahrnimmt. Er sucht die Quelle des Unwohlseins bei
sich selbst, er fühlt sich vielleicht schuldig und verantwortlich und
versucht ständig zu ergründen, woher diese Gefühle kommen. Damit
hat er jedoch keinen Erfolg, weil ihm ja nie beigebracht wurde,
wie man das herausfindet. Oft kann er sich auch gar nicht richtig
freuen, selbst dann nicht, wenn sein Leben eigentlich schön ist.
Eine undefinierbare Schwere wird sein ständiger Begleiter. Solche

Kinder können nach außen fröhlich erscheinen und doch innerlich irgendwie traurig sein. In bestimmten Augenblicken, wenn sie für sich allein sind, ist dies wahrzunehmen.

Ich bin von Natur aus ein fröhlicher Mensch. Als Kind war ich sehr quirlig und mischte die ganze Familie auf; aber ich bin auch ein starker Lastenträger. So fand ich immer beide Seiten in mir: Ich hatte Freude am Leben, aber gleichzeitig war alles gedämpft. Ich konnte es nicht einordnen, dass ich mich nie beständig freuen konnte, sondern in aller Freude auch immer die Schwere dieser Welt durchklang. Dieser Zustand hielt so lange an, bis ich endlich lernte, die Lasten dieser Welt an Gott abzugeben.

Hochsensibilität von Kleinkindern kann man an einigen Kennzeichen erkennen. Meist zeigen diese Kinder ein großes Interesse am Leben, sie sind aufmerksam, neugierig und unternehmungslustig, um ihren wachen Geist zu nähren und zufriedenzustellen. Sie sind eher brav und können gut für sich alleine spielen, wenn sie sich sicher fühlen. Die Beziehungstypen unter ihnen sind freundlich und lächeln viel, andere dagegen sind eher ängstlich und unsicher und hängen gerne an Mamas Rockzipfel. Manche schreien als Baby sehr viel, vor allem, wenn sie an Reizüberflutung leiden. Dann schlafen sie trotz Übermüdung nur kurz ein und sind schnell wieder wach. Wenn sie nicht ganz zur Ruhe kommen und richtig abschalten können, kann sich das Ganze zu einer sehr unangenehmen, stressigen Situation für Eltern und Kind hochschaukeln. Liebe Eltern, finden Sie dann bald heraus, wie Sie Ihr Kind beruhigen und vor Reizüberflutung bewahren können, Ihr Leben wird dadurch entspannter und leichter!

Solche sensiblen Babys sollte man auch nicht überall mit hinnehmen, sondern im ersten Lebensjahr möglichst zu Hause schlafen lassen. Sabine gibt diesen Rat dazu:

Mein Sohn ist damals nur sehr schwer an anderen Orten zur Ruhe gekommen. Wenn, dann erst sehr spät und mit viel Geschrei. Von Veranstaltungen bekamen wir nichts mit, weil er nicht schlief, und ich wurde in diesen Situationen selbst immer gereizter. Die These, dass man Babys überall mit hinnehmen kann, traf bei uns einfach nicht zu. So entschieden wir uns, öfter zu Hause zu bleiben, auch wenn wir dafür viel Unverständnis ernteten. Nach dieser Entscheidung war unser Leben viel leichter und entspannter.

Weiter ist bei Kleinkindern zu beobachten: Koliken und Bauchschmerzen oder Verstopfung und Allergien – all das kann auf nicht verarbeitete Reize hindeuten. Manche Kinder lassen sich schwer anziehen oder baden, denn alles, was sich an ihnen oder in ihrem Umfeld verändert, ist gewöhnungsbedürftig. Manche reagieren sensibel und nervös auf „kratzige" Stoffe, andere sind sehr wählerisch beim Essen. Eine Mutter berichtet:

Von klein auf mochte meine Tochter keine Creme im Gesicht. Haare waschen, Fingernägel schneiden und kleinste Verletzungen waren für sie ein Drama, das nur mit viel Geschrei und Weinen über die Bühne ging.

Hochsensible Kinder

Wenn eine hochsensible Person eine behütete und glückliche Kindheit hat, wird die Gabe in diesem familiären Schutzraum vielleicht gar nicht besonders auffallen. Besonders Eltern, die selbst hochsensibel sind, können Verständnis für ihr Kind aufbringen. Gute Eltern werden ihren Kindern Schutz geben und sie in eine altersgemäße Lebensverantwortung begleiten. Möglicherweise zeigt ein Kind erst, wenn sich sein Lebensradius erweitert und es in Kindergarten oder Schule auf „die harte Welt da draußen" stößt, plötzlich ein auffälliges Verhalten. Der Lärm, mangelnde Regeln und Strukturen, Streit und Ungerechtigkeiten unter Freunden und Klassenkameraden sind für solche Kinder kaum auszuhalten. Obwohl sie eine positive, lebensfrohe Grundhaltung mitbringen, leiden sie in dem neuen Umfeld unter bisher unbekannten inneren Schmerzen und negativen Empfindungen. Das ist für sie neu und verwirrend und kann zu quälenden Gedanken, Selbstvorwürfen und Selbstzweifeln führen. Als Kinder können sie nicht oder nur sehr schwer beschreiben, was sie empfinden und was sie bedrückt. Darum reagieren sie oft auf diesen äußeren und inneren Stress mit Rückzug oder Verweigerung, manchmal sogar mit undefinierbaren Krankheiten und Schulversagen.

Ältere HSP-Kinder werden oft als schwer zu erwärmende Kinder oder als schüchtern wahrgenommen. (Elaine Aron hält Schüchternheit übrigens für erworben, nicht für angeboren.) Hochsensible Kinder leiden öfter an Albträumen oder sehen etwas, was ihnen Angst macht. Manches davon ist entwicklungsbedingt bei allen Kindern zu beobachten, aber wenn HSP-Kinder sich derart äußern, sollten Eltern sie unbedingt ernst nehmen und durch Gespräche und Gebete beruhigen. Denken Sie daran: Hochsensible haben einen leichteren Zugang zur unsichtbaren Welt, und es kann sein, dass Ihr Kind eine Realität wahrnimmt, die Ihnen selbst verborgen bleibt!

Bei vielen HSP-Kindern wird erst mit zunehmendem Alter sichtbar, dass sie „anders" sind als die übrigen Familienmitglieder. Sie können emotionale Erfahrungen nicht so leicht verarbeiten und ablegen wie die anderen und sie passen nicht in die gängigen Verhaltensmuster. Wenn sie innerlich mit ungeklärten Fragen beschäftigt sind, erscheinen sie als geistig abwesend und als Träumer. Bei Kleinigkeiten reagieren sie übersensibel. Anderen macht es deshalb Spaß, sie zu necken oder bloßzustellen und auszulachen. Das tut natürlich weh und trägt sicherlich nicht zur Selbstannahme und zu einem guten Selbstwertgefühl bei. Im Gegenteil, es nährt die Selbstzweifel, und die Angst, wieder etwas verkehrt zu machen, wächst ständig.

Wie bereits gesagt, sind hochsensible Lastenträger sehr friedliebend und harmoniebedürftig. Um des lieben Friedens willen stecken sie gerne eigene Bedürfnisse zurück. Offener Familienstreit, aber auch versteckte Uneinigkeit zwischen den Eltern verwirrt diese Kinder sehr. Sie nehmen alle Emotionen wahr, auch die verborgenen, und sind ihnen hilflos ausgeliefert, sofern sie nicht geschützt und gelehrt werden, damit richtig umzugehen. Wenn wir als Ehepaar etwas engagierter miteinander redeten, reagierten unsere sensiblen Kinder augenblicklich: „Hört auf zu streiten", riefen sie verängstigt, und wir mussten sie schnell beruhigen und entlasten.

Da HSL-Kinder vielen Konflikten nicht ausweichen können, fangen sie auch bei harmlosen Verletzungen schnell an zu weinen: Oft wird eine kleine Schramme zum Ventil für den inneren Schmerz. Darum werden diese sensiblen Kinder gern als Weichlinge, Feiglinge und Heulsusen hingestellt. Wie oft müssen sie hören: „Ach, du heulst ja wegen jeder Kleinigkeit. Stell dich doch nicht so an, reiß dich zusammen!" Das verstärkt nur ihr Gefühl, nicht verstanden zu werden, denn ihr Schmerz ist real! In der Folge lehnen sie sich selbst immer mehr ab, bis hin zum Selbsthass und zu Todeswünschen. Oft hadern sie mit dem ungerechten Leben, mit dem sie sich ständig auseinandersetzen müssen. Ihr Innenleben ist geprägt von Unsicherheit, Selbstzweifel und Minderwertigkeitsgefühlen, und sie können keine eigene starke Identität entwickeln.

Eine andauernde negative Familienatmosphäre ist besonders für HSL-Kinder eine enorme Überforderung. Sie können diese Last nicht bewältigen und helfen sich zum Teil dadurch, dass sie das Unangenehme stark verdrängen oder zum emotionalen Ventil der Familie werden. Oft sind die Tränen der HSL-Kinder die ungeweinten Tränen der anderen; sie zeigen den verdrängten Schmerz und die negativen Emotionen ihrer Familie. Manche stellen auch Dummheiten an, um bestraft zu werden. Der körperliche Schmerz der Strafe ist für sie besser zuzuordnen als der undefinierbare Schmerz aus dem Lastentragen. Wenn dies zu einem Lebensmuster wird, kann es der Grund sein, dass sich manche zum „schwarzen Schaf" einer Familie entwickeln. Meist ist das der Fall, wenn es in der Familie ungerecht oder lieblos zugeht und Gefühle abgewertet und unterdrückt werden.

Wie wir bereits sagten, ist Streit eine emotionale Katastrophe für Hochsensible. Die Stimme erheben empfinden sie als Anschreien, und ein strafender Blick kann sie bis ins Mark erschüttern. Darum werden sie in der Regel nicht gegen ein negatives Familiensystem aufbegehren, sondern eher still dulden und ihren eigenen Weg suchen, mit den Problemen fertig zu werden. Oft bieten sie sich als Opfer an, um den Familienfrieden zu retten oder wiederherzustellen. Deshalb entscheiden nicht wenige, immer lieb zu sein, um den geplagten Eltern nicht noch mehr Arbeit zu machen. Das macht sie zwar angenehm für die Eltern, aber in ihrem Inneren brodelt es und oft weinen sie heimlich. Diese „gute" Entscheidung verhindert auch, dass sie sich zu der Persönlichkeit entwickeln, die Gott sich gedacht hat, als er sie schuf. Als Erwachsene sind sie dann die netten, angepassten Christen, die keinem etwas zuleide tun. Aber eigentlich spielen sie nur eine gute, fromme Rolle, für die sie sich als Kind schon entschieden haben. Wenn sie älter werden, kann diese Rolle zur unsäglichen Last werden, denn je mehr Verantwortung sie haben, umso mehr müssen sie leisten, um überall Frieden zu halten. Dieser innere Stress kann dazu führen, dass diese netten, lieben Leute sehr zum Entsetzen ihrer Umgebung plötzlich zusammenbrechen oder ihr geordnetes Leben und ihre Ehe aufgeben. Dann ist ihnen alles zu viel geworden, und vielleicht mussten sie schmerzhaft erkennen, dass sie nie erlebt hatten, um ihrer selbst willen geliebt und geachtet zu werden. Ihr Lebensmotto war von Kind an gewesen: Liebe musst du dir verdienen. Bei allem frommen Tun und Lassen wurde ihr Herz nie von Gottes Liebe berührt und viele existenzielle Fragen blieben unbeantwortet.

Eine andere Schutzreaktion ist, dass sich HSL-Kinder innerlich verschließen. Sie werden einsilbig und unzugänglich oder hart zu anderen, und die Eltern machen sich Sorgen um sie. Manche neigen dazu, sich abzukapseln und innerhalb der Familie ein Einsiedlerleben zu führen. Sie werden zum distanzierten „Beobachter" und bilden dies als Lebensgrundhaltung aus. Inneren Halt und Wert schöpfen sie aus ihrer Verachtung unsensibler und unfairer Menschen. Es ist traurig zu sehen, wie viele Menschen mit Suchtproblematik oder harten Reaktionen eigentlich hochsensible, tief verletzte Personen sind, denen es nie erlaubt wurde, sie selbst zu sein.

Schauen wir noch einmal in eine normale Familie hinein. Eine Bekannte erzählte uns:

> Unser ältester Sohn hat lange eingenässt. Ich lief mit ihm von Arzt zu Arzt, aber es wurde keine echte Ursache gefunden. Manchmal war er einige Wochen oder Monate lang trocken, und dann nässte er doch wieder ein. Ein solcher Rückfall kam mitten in einem Urlaub. Ich hatte gerade angenommen, es sei alles in Ordnung, denn wir hatten eine gute Gemeinschaft gehabt. Kurz darauf erzählte die Leiterin seines Kindertreffs, dass sich die Kinder über Streit unterhalten hätten: Streit zwischen Geschwistern, Streit zwischen Eltern. Dabei habe mein Sohn erzählt, dass wir Eltern im Urlaub gestritten hätten. Wir waren

davon ausgegangen, dass unsere Kinder schliefen, aber er hatte unseren Konflikt mitbekommen und danach nicht mehr richtig schlafen können.

Einige Zeit später fuhren mein Mann und ich zu einem Eheseminar, wo wir u. a. unser Eheversprechen erneuerten. Danach sprach ich mit meinem Sohn und versicherte ihm, dass es zwar einmal zum Streit kommen könne, aber dass wir zusammenbleiben und uns auch immer wieder vertragen und uns nicht scheiden lassen würden. Seitdem ist er trocken.

Ich hatte immer geahnt, dass ihn eine Sorge bedrückt, aber ich hätte nicht gedacht, dass er die Eheatmosphäre so deutlich spürt. Zum Glück haben wir uns nur sehr selten vor den Kindern gestritten!

Auf eine Empfehlung hin ließen wir unseren Sohn später auf ADS testen, die Symptome erschienen uns eindeutig: Er träumt, ist oft nicht bei der Sache, er kommt aus der Schule und ist aggressiv, kann aber nicht genau sagen, warum. Nachdem ich den entsprechenden Vortrag gehört hatte, wurde mir deutlich, dass mein Sohn ein hochsensibler Lastenträger ist. Ich werde nun mit ihm darüber sprechen (er ist jetzt neun), wie er Lasten an Jesus abgeben und sich auch im Namen Jesu schützen kann.

Hochsensibilität oder ADS?

Einige Eltern und Berater haben uns bestätigt, dass etliche Kinder mit Verdacht auf ADS (Aufmerksamkeits-Defizit-Syndrom) einfach nur hochsensibel sind. Andere meinen, Hochsensibilität beschreibe ADS unter anderen Aspekten, weil sie sich als ADS-Person mit unseren Ausführungen weitgehend identifizieren konnten. Wahrscheinlich sind viele ADS-Kinder gleichzeitig hochsensibel. Unsere Kinder waren in ihrer Hochsensibilität sehr unterschiedlich, aber keines hatte die typischen ADS-Symptome.

ADS-Kinder gelten als sehr kreativ, was auch auf viele HSL-Kinder zutrifft. Ein hochsensibles Kind empfängt in seinem Inneren ständig Impulse und Anregungen, die seine Seele nicht einordnen kann. Es wird zum Teil regelrecht überflutet mit Wahrnehmungen oder kreativen Ideen. Es kann sie gar nicht so schnell einordnen und ablegen, wie sie kommen, geschweige denn umsetzen. Diese innere „Berieselung" aus undefinierten Informationsquellen ist stets präsent. Unbewusst beschäftigt es sich ständig mit den Fragen: „Stimmt das, was ich wahrnehme, oder bilde ich es mir nur ein?" „Woher kommt es?" „Wie kann ich dafür eine Lösung finden?" „Soll ich mich darauf einlassen oder nicht? – Wenn ja, was wäre eine angemessene Reaktion?" „Welchem Impuls soll ich folgen?" „Was ist nun das Wichtigste: das, was ich gerade tue oder tun soll, oder das, was ich innerlich stark wahrnehme?" Allein beim Lesen dieser Fragen können Sie die Verwirrung spüren. Aber das ist ja nicht alles. Zu diesem inneren Programm kommen die vielen Informationen und Erwartungen der Eltern oder Lehrer hinzu, die wollen, dass bestimmte Aufgaben sofort und konzentriert erledigt werden! Diese Informationsflut verwirrt einfach, und manche Kinder sind damit überfordert, das Wesentliche vom Unwesentlichen zu trennen, eine angemessene Entscheidung zu treffen und sich zielgerichtet zu verhalten.

Sie kennen es aus eigener Erfahrung, und erst recht gilt dies für HSL-Kinder: Wenn man zu viele Möglichkeiten hat und nicht weiß, welche Entscheidung die richtige ist, fühlt man sich überfordert und wird entweder ganz hektisch (hyperaktiv), indem man versucht, mehrere Sachen gleichzeitig zu managen, um den inneren Stimmen und Impulsen gerecht zu werden, oder man fühlt sich gelähmt und unfähig, überhaupt etwas zu tun. Dann schaltet man aus Überforderung und Hilflosigkeit einfach ab, lässt den Dingen ihren Lauf und hängt seinen Gedanken nach (Tagträumerei) in der Hoffnung, dass sich alles irgendwie klären wird, wenn man lange genug wartet.

Eltern sollten sich Klarheit verschaffen, ob sie ein ADS-Kind haben oder ob ihr Kind einfach nur hochsensibel ist. ADS kann von Kinderärzten, von Psychologen oder Kinder- und Jugendpsychiatern anhand definierter Kriterien diagnostiziert werden, und die entsprechenden Medikamente schlagen an. Für Hochsensibilität gibt es keinerlei festgelegte Kriterien für eine Diagnose, hier sind wir auf Beobachtungen und Vermutungen angewiesen. Nach Elaine Aron handelt es sich um unterschiedliche Phänomene, die in mancherlei Hinsicht sogar gegensätzlich sind.

Sie beschreibt den Unterschied im Verhalten so: ADS ist eine Störung, weil es auf einen allgemeinen Mangel an „exekutiven Funktionen" verweist. Die Betroffenen haben Schwierigkeiten bei der Entscheidungsfindung, bei der Konzentration und der Einschätzung von Konsequenzen. Hochsensible Kinder sind normalerweise in all diesen Dingen gut, zumindest wenn sie sich in einem ruhigen, vertrauten Umfeld befinden ... Kinder mit ADS finden es sehr schwierig, Prioritäten zu setzen, ihre Aufmerksamkeit nach einer Ablenkung wieder auf die ursprüngliche Tätigkeit zu richten oder zu unterscheiden, ob ein Lehrer sie persönlich anspricht oder nicht. HS-Kinder können im Allgemeinen jede Ablenkung recht gut ausschalten, wenn sie es wollen oder müssen, jedenfalls für eine Weile. Aber das erfordert mentale Energie ... Wenn zu viele oder zu anhaltende Ablenkungen auftreten oder die Kinder emotional aufgewühlt und daher überreizt sind, können sie sehr wohl von äußeren Ablenkungen überwältigt werden und sich entsprechend unruhig oder „aufgedreht" verhalten (siehe Aron, Das hochsensible Kind, Seite 58).

Sie helfen Ihrem Kind, indem Sie ihm ein ruhiges, gut strukturiertes Umfeld schaffen. Entlasten Sie es emotional und trainieren Sie es, seine Wahrnehmungen und sein Denken und Leben richtig zu ordnen. Überfordern Sie es nicht, aber packen Sie es auch nicht in Watte! Es braucht einen verlässlichen Partner, der es anleitet und unterstützt, die Herausforderungen des Lebens anzunehmen und selbst zu meistern.

Gerechtigkeitssinn

Schon früh entwickeln HSL-Kinder einen ausgeprägten Gerechtigkeitssinn. Sie beobachten genau, wer sich ungerecht verhält, und spüren die Not bei demjenigen, der darunter leiden muss. Das kann sie tief verletzen, auch wenn sie selbst nicht direkt beteiligt sind. Manche Kinder entwickeln auch Lernstörungen, wenn ein Lehrer hart oder ungerecht ist. So schalten sie im Unterricht ab, weil sie nicht gleichzeitig den Lehrstoff aufnehmen und die Lasten verarbeiten können, die sie wahrnehmen. Dieses Abschalten ist ihr Schutz. Eins unserer Kinder entwickelte als Teenager nach einem

Schulwechsel eine regelrechte Lernblockade und schwänzte sogar die Schule. Wir gingen dem nach und stellten fest, dass dieses Kind auf bestimmte Lehrer reagierte. Es kam mit deren hartem und unfairem Verhalten nicht klar und litt mit den anderen Schülern. Erst ein zweiter Schulwechsel, nach dem sich unser Teenager dann sehr wohl fühlte, half: Jetzt war die Atmosphäre okay, und so gab es auch wieder vernünftige Leistungen.

Anke erzählte uns von ihrer Tochter:

> Als Daniela in der Grundschule war, saß sie einmal traurig beim Frühstück. Sie wusste selbst nicht, warum sie so traurig war. Die Tränen standen ihr in den Augen, das Essen schmeckte ihr nicht, und am liebsten wäre sie zu Hause geblieben. Eigentlich ging sie gerne zur Schule. Auf Nachfragen reagierte sie gereizt und bockig. Es war einfach alles nur falsch und doof. Nach einiger Zeit ließ sie sich von mir trösten und ich konnte sie fragen, was denn nicht so schön sei in der Schule. Da brach es aus ihr heraus: „Die anderen hänseln die Britta immer und sind richtig gemein zu ihr, und ich kann ihr gar nicht helfen!" Daniela weinte bitterlich. Sie hatte die ganze Last für Britta auf sich genommen und war damit nun überfordert und hilflos. Sie hatte versucht, etwas zu sagen, jedoch ohne Erfolg. Als ich dann mit ihr betete und sie entlastete, indem ich mit ihr zur Schule ging und der Lehrerin von dem Problem erzählte, war die Welt für Daniela wieder in Ordnung und sie war fröhlich und frei.

HSL-Kinder mögen keine Ungerechtigkeit, keinen Streit, keine Zurechtweisungen und keine Strafen, weder zu Hause noch in der Schule. Um dem vorzubeugen, entwickeln sie die unangenehme Eigenschaft, dass sie meinen, ständig für Gerechtigkeit sorgen oder die anderen Kinder vor Dummheiten bewahren zu müssen. Natürlich manövrieren sie sich damit als Aufpasser oder Petzer in eine unbeliebte Position. Wer will sich schon ständig belehren und kontrollieren lassen? Von den Kameraden werden sie als Spielverderber oder Verräter abgelehnt, und es ist für sie schwer, gute Freunde zu finden oder zu halten. Kinder können zueinander ganz schön hart und rücksichtslos sein. Da dies so verletzend ist, machen einige HSL-Kinder ihr Herz hart und igeln sich ein, weil sie anders in ihrem Umfeld nicht bestehen könnten. Das verstärkt ihre Außenseiterrolle und ihr Gefühl, verkehrt zu sein. Wir haben bei Freunden erlebt, dass es einem Kind trotz Einsicht sehr schwer fiel, aus dieser Rolle herauszukommen.

Bei Gesprächen im Familienkreis oder in der Schule sind HSL-Kinder manchmal nicht ganz bei der Sache. Oft werden sie als „Träumer" verlacht, die einfach immer wieder dem aktuellen Gesprächsthema hinterherhinken. Aber diese Träumerei hat einen ernsten Hintergrund. HSL gehen einfach gründlicher an ein Thema heran. Gedanklich oder emotional sind sie noch mit einer bestimmten Sache beschäftigt, während sich das Familiengespräch weiterentwickelt. Wenn sie dann endlich ihre durchdachte und abgewogene Antwort präsentieren, werden sie ausgelacht, weil die anderen schon längst beim übernächsten Thema sind. Was macht das mit dem Selbstbild und Selbstwert eines HSL-Kindes?

Manche Kinder verraten ihre hohe Sensibilität beim Spielen. Wenn andere Räuber oder Indianer spielen, miteinander kämpfen und ihre Kräfte messen, kann es schon mal rau zugehen. In diesen Situationen wird ein HSL-Kind vielleicht mit Rückzug reagieren und sogar weinen. Wir beobachteten einmal zwei Brüder: Der ältere spielte mit Vorliebe Kampfspiele mit Ritterburgen, Piratenschiffen, Indianern und Cowboys, sein sensibler jüngerer Bruder dagegen liebte Tiere und die Natur. Er spielte am liebsten mit seinem kleinen Bauernhof. Wenn dann die Piraten den Bauernhof überfielen, die Tiere raubten und töteten, spielte er eine Weile mit. Aber irgendwann stieg er aus, legte sich auf sein Hochbett und schaute dem Kampf von oben zu – oder er weinte und beklagte sich bei den Eltern über die Grausamkeiten der Piraten. Er konnte nicht ertragen, dass seine geliebten Tiere so misshandelt wurden und keine Chance hatten, sich zu wehren!

Es gibt Kinder, die in ihrem Entdeckerdrang Regenwürmer zerschneiden und das ganz in Ordnung finden. Für sensible Kinder ist das ungeheuerlich! Sie leiden mit und weinen vielleicht sogar. Sie empfinden den Schmerz der Tiere, wenn sie gefangen, eingesperrt und getötet werden. Für dieses Verhalten werden sie von ihren

Spielkameraden oft als Schwächlinge verlacht und gehänselt. Dass sie mit dieser Härte nicht umgehen können, ist für sie ein weiterer Grund, sich vom Spiel und ihren Freunden zurückzuziehen und sich zu isolieren, und sie werden noch mehr zum Außenseiter. Das bringt ihnen vielleicht weiteren Spott ein. Ihr ohnehin schwaches Selbstbild erhält einen weiteren Knacks. Als Folge fühlen sie sich mehr und mehr unverstanden und wissen nicht, wie sie jemals in dieser ungerechten Welt zurechtkommen und fröhlich bleiben sollen. Eine Mitarbeiterin erzählte uns dazu:

> Ich bin vom DISG-Profil her sehr dominant und initiativ, und ich gehörte früher zu den Menschen, die das Sensible überspielten. Aber als Kind taten mir immer die Tiere leid. Ich hätte keine Würmer zerschnitten, sondern eher die Menschen, die das machten! Auch heute drehe ich jeden Käfer um, der auf dem Rücken liegt. Aber als Kind hatte ich mich hart und cool gemacht und wollte meine sensible Seite einfach nicht zeigen, um nicht verlacht zu werden. Das war meine Überlebenstechnik.

Wenn hochsensible Kinder keine Hilfe oder Entlastung erfahren, nehmen sie all diese schmerzhaften Erfahrungen und ihr schlechtes Selbstbild mit in die Pubertät. Das sind keine guten Voraussetzungen, um den Krisen der Teenagerzeit zu begegnen, wo fast alle Kinder Identitätsprobleme entwickeln und mit mangelnder Selbstannahme zu kämpfen haben.

Hochsensible Teenager

In der Teenagerzeit kann es sein, dass HSL mit ihrem angestauten Ärger nicht mehr angemessen umgehen können. In diesem Alter erleben und durchdenken sie die Beziehungen in der Familie bewusster. Seit Jahren schon leiden sie an den Schwachpunkten der Familie und haben vielleicht besondere Wut entwickelt auf einen unsensiblen, verletzenden Elternteil oder auf Geschwister, die besonders herausfordernd sind und die Last der Eltern vergrößern. Viel Streit oder eine drohende Scheidung der Eltern macht sie vollkommen fertig. Wie lange schon haben sie versucht zu retten, zu schlichten, zu helfen, aber es hat nichts gebracht, sie konnten es nicht! Überfordert und hilflos sammelten sie innerlich viel Frust und Wut an. Dementsprechend können sie schon bei Kleinigkeiten explodieren oder sie tauchen ganz ab und ziehen sich aus dem Familienleben zurück.

Zusätzlich zum Schmerz ihrer Lebensgeschichte wird ihnen nun sehr bewusst, dass die ganze große Welt voller Nöte und Ungerechtigkeit ist. Da sie nicht wissen, wie sie mit dem Schmerz umgehen, wie sie sich schützen und entlasten können, bleibt ihnen oft nur der Ausweg, den Schmerz irgendwie zu betäuben, und so geraten sie an Alkohol oder Drogen. Lebensschmerz und Beziehungsfrust kann man auch hinter besonderem Lerneifer und schulischem Ehrgeiz verbergen. Das ist für Eltern recht angenehm, aber sie sollten beobachten, ob dieser Ehrgeiz vielleicht nur eine „Tarnung" ist, um sich aus dem Leben und aus verletzenden Beziehungen heraushalten zu können. Einige Teenager gehen auch durch depressive Phasen. Sie hängen antriebslos herum und können voller Weltschmerz stundenlang Löcher in die Luft starren. Manche entwickeln sogar behandlungsbedürftige Depressionen. Die Unfähigkeit, in bestimmten Situationen angemessen mit Ärger umzugehen, kann zu psychischen Dysfunktionen führen und es können sich Ängste und Phobien entwickeln. Andere leiden unter starken Stimmungsschwankungen, werden häufiger krank oder haben undefinierbare körperliche Schmerzen wie Migräne. Bei manchen legen sich die Lasten wie ein Druck auf die Brust.

Einige HSL-Teenager neigen dazu, aufgrund ihrer Unzufriedenheit und der Ausweglosigkeit alles zu kritisieren. Das wird ihr Ventil, um inneren Druck abzubauen. Für sie ist der Zustand dieser Welt einfach schrecklich und sie sehen keine Möglichkeit, ihre Lebenslast zu verringern, außer durch ständige Kritik an den vermeintlich oder tatsächlich Schuldigen. Vielleicht hoffen sie auch, dass andere auf ihre Kritik reagieren und netter und rücksichtsvoller werden. Aber da das eigentliche Problem in ihnen selbst liegt, werden sie auch unter günstigen Umständen immer etwas zum Kritisieren finden. Niemand wird es ihnen recht machen können.

Andere versuchen durch Klatsch und Tratsch ihre Lebenslast zu erleichtern. Sie laden kurzfristig ihre Last bei (HSL-) Freunden ab.

Ein gewisses Verständnis und emotionale Entlastung finden sie in Teenagercliquen, die ähnlich denken und empfinden wie sie. Hier fühlen sie sich sicher und stark und in ihrem Schmerz verstanden. Durch den Musikstil, durch Kleidung, Frisur, Schmuck, oft durch Drogenkonsum wird signalisiert: Hier darf ich anders sein als die übrige Gesellschaft und bin trotzdem willkommen und angenommen. Ich darf so kaputt aussehen, wie ich mich fühle. Niemand hier hinterfragt mich. Viele solcher Cliquen rebellieren gegen die Ungerechtigkeit der Welt. Der Umgang mit diesen Freunden, die oft echte Gründe für ihre Rebellion haben, wird für HSL zum Ventil für die eigenen unbewältigten Gefühle. Endlich können sie ihren tiefen Zorn auf das Leben, auf die Eltern, auf die Gesellschaft, auf die Schule ausdrücken, ohne aufzufallen.

Auf ihrer Suche nach Identität können auf diese Weise auch HSL-Kinder aus liebevollen Elternhäusern an falsche Freunde und an Drogen geraten. Das ist für Eltern eine sehr schmerzhafte Erfahrung. Sie sollten dann natürlich darüber nachdenken, was verkehrt gelaufen ist, und wenn möglich die Kinder für Ihr eigenes Versagen um Vergebung bitten. Aber steigern Sie sich nicht zu sehr in Selbstvorwürfe hinein! Sie sind nicht an allem schuld, es ist auch immer die Entscheidung Ihres Kindes, welchen Weg es geht. Nachdem seine schwierige Phase mit rebellischen „Freunden" überwunden war, gestand ein lieber, hochsensibler 16-Jähriger seinen Eltern: „Ich wusste die ganze Zeit, dass ihr mich lieb habt. Es war auch okay, dass ihr mich hinterfragt und Grenzen gesetzt habt. – Aber ich wollte einfach mal ausprobieren, wie es ist, wenn man böse ist." Dieses Geständnis zeigt, wozu Teenager in der Lage sind, wenn sie einen Ausweg aus dem inneren Dilemma suchen. Was sollen sie auch tun, wenn sie nicht über die innere Not reden können oder wollen und nicht wissen oder glauben, dass Jesus sie trägt und dass er der Retter dieser Welt ist? Wir raten Eltern in solch einer Situation: Halten Sie Herz und Haus offen für Ihre suchenden Teenager! Es ist eine Phase, sie kann kürzer oder länger dauern, sie mag auch sehr hart sein, aber sie wird vorübergehen!

Jeder weiß: Ablehnung tut weh. HSL-Kinder und -Teenager können durch ihren Wunsch nach echten Freunden in ein persönliches Dilemma geraten, vor allem, wenn sie extrovertierte Anteile haben und sehr beziehungsorientiert sind. Sie wollen immer mit den anderen mithalten. Dazu müssen sie jedoch ihre hohe Sensibilität verleugnen, sich stark und hart machen und ihre Kräfte überziehen. Frieden mit den anderen bedeutet Krieg gegen sich selbst. Hören sie jedoch auf ihre sensible innere Stimme und halten sich zurück, dann haben sie zwar Frieden im Herzen, aber gleichzeitig das Gefühl, etwas im Leben zu verpassen, denn wo die anderen sind, „da tobt das Leben". Viele extrovertierte HSL schaffen es nicht, diesen inneren Widerspruch aufzulösen. Was sie auch machen, sie haben das Gefühl, es verkehrt zu machen. Das fördert wiederum ihr schlechtes Selbstbild und ihre Minderwertigkeitsgefühle. Selbst ein gutes, liebevolles Elternhaus kann dies kaum verhindern, denn Annahme oder Ablehnung unter Freunden oder Gleichaltrigen zu erleben ist ab einem bestimmten Alter wichtiger und entscheidender für die Persönlichkeitsentwicklung als die Annahme oder Ablehnung durch Eltern. So entscheiden sich nicht wenige HSP dazu, mit den anderen mitzuhalten. Dabei überziehen sie jedoch ihre emotionalen Grenzen und werden ständig überstimuliert. Solch ein intensives Lebensprogramm rächt sich nach etlichen Jahren. Wiederholt haben wir gehört, dass HSL schon als junge Erwachsene ausgebrannt und für Monate arbeitsunfähig sind. Sie müssen lernen, ihre persönlichen Grenzen zu erkennen, und herausfinden, was sie leisten können und was nicht. Das fällt vielen sehr schwer.

Tipps für Eltern

Liebe Eltern, wenn Sie die geschilderten oder ähnliche Verhaltensweisen bei Ihren sensiblen Kindern und Teenagern wahrnehmen, dann versuchen Sie unbedingt herauszufinden, was sie eigentlich bedrückt. Wahrscheinlich wird Ihr Kind Mühe haben, dies zu formulieren, weil die wenigsten gewohnt sind, Gefühle konkret wahrzunehmen und zu äußern. Machen Sie Vorschläge, woran es liegen könnte, und geben Sie dem Kind Zeit zum Nachdenken und Nachspüren. Jedenfalls ist es keine Hilfe, wenn Sie versuchen, Ihr Kind abzulenken oder wenn Sie die Probleme der Familie und die Nöte der Welt verharmlosen und herunterspielen.

Viele Eltern versuchen ihr sensibles Kind mit der Forderung „in den Griff zu bekommen", es solle sich nicht so anstellen. Aber einem HSL-Kind ausreden zu wollen, dass es bestimmte Nöte gibt, ist absolut verkehrt. Es spürt und weiß einfach, dass es Recht hat. Ihr Kind wird sich Ihnen nie anvertrauen, wenn es den Eindruck hat, kein Verständnis zu finden.

Wenn Eltern immer wieder unangenehme Gefühle leugnen oder Empfindungen des Kindes herunterspielen, wird ein Kind innerlich verwirrt, denn es weiß nun nicht, wem es mehr glauben soll: seiner eigenen Wahrnehmung oder den Worten der Eltern. Erwachsene, die in dieser Situation auf ihrer Position beharren, lehren ein Kind, seine eigenen Wahrnehmungen und Gefühle zu unterdrücken und einfach das zu glauben, was mit Nachdruck gesagt wird. „Stell dich nicht so an!" – durch diesen Satz mögen die Eltern für den Augenblick Gewinner der Situation sein, aber ist das wirklich wünschenswert? Einmal wird der Selbstwert des Kindes dadurch weiter geschwächt, es lernt, sich selbst zu misstrauen. Und zum anderen demontiert es den natürlichen Schutz eines Kindes, wenn es lernt, sein „Frühwarnsystem" zu missachten. Denken Sie doch einfach mal ein paar Jahre weiter und stellen Sie sich folgende Situation vor: Der Freund Ihrer Teenagertochter möchte mit ihr schlafen. Ihre Tochter weiß, dass das nicht richtig ist, ihre Intuition sagt ihr: „Das ist nicht okay, tu es nicht." Aber er bedrängt sie weiter mit den Worten: „Stell dich nicht so an, das machen doch alle!" – Welcher Botschaft wird sie glauben und gehorchen, der eigenen Intuition oder seinen Worten, die ihr so wohlbekannt sind?

Das Beste, was Sie machen können, ist, Ihrem Kind rechtzeitig einen angemessenen Umgang mit seinen Wahrnehmungen und Gefühlen beizubringen. Es kann lernen Wahrnehmungen richtig einzuordnen und gute Entscheidungen zu treffen. Sabine erzählte uns dazu diese Geschichte:

> Unser Sohn Sören ist auch ein HSL-Kind. Wir lehren ihn ständig, angemessen mit Gefühlen umzugehen. Als er vier Jahre alt war, hatten wir Besuch von einem Freund, der gerade von seiner Frau geschieden wurde. Dieser Freund war gut drauf

und machte Späße. Sören fragte ihn beim Abendessen: „Sag mal, bist du traurig?" Er wiegelte ab: „Nein, ich bin nicht traurig, ich bin ganz gut drauf." Sören war sichtlich irritiert. Wir erklärten ihm später, dass seine Wahrnehmung richtig gewesen war.

In diesem Bereich sind viele Eltern hilflos, weil sie selbst nicht gelernt haben, mit Gefühlen angemessen umzugehen. Eine HSL-Mutter erzählte uns, dass es ihrem Teenagersohn gut getan hat, einfach nur von ihr zu hören, dass sie ähnliche Gedanken und Empfindungen kennt, wie er sie gerade hatte. Dadurch fühlte er sich ein Stück weit verstanden und angenommen und konnte entspannen. Sehr hilfreich ist es auch, mit den Kindern Schutzgebete und Entlastungsgebete zu sprechen. Für den Umgang mit den Gefühlen Ihrer Kinder finden Sie eine sehr gute, einfache Anleitung in dem Buch von Eberhard Mühlan und Andreas Schröter, „Total fertig oder voll gut drauf" (zu beziehen bei *Team.F*).

Geben Sie einem verunsicherten HSL-Kind genügend Bestätigung. Sagen Sie ihm, dass es in Ordnung ist, wie es ist! Nehmen Sie Ihr Kind ernst, aber vermeiden Sie Überbehütung oder den Eindruck, dass Hochsensibilität etwas Besonderes sei. Es sollte sich als ganz normales Kind fühlen.

Eine Mutter, deren HSL-Tochter in der Vorpubertät ist, gibt folgende wertvolle Tipps.

Wir ermutigen Manuela, sich genügend Zeit für sich selbst zu nehmen, um aufzutanken. Nach den Mahlzeiten ist sie diejenige, die sich ganz schnell wieder in ihr Zimmer verzieht. Sie liebt ihr Zimmer und ihre Haustiere sehr. Wenn sie dort ist, kann sie am besten abschalten und entspannen. Das gemeinsame Essen mit den beiden lebhaften Geschwistern ist ihr manchmal zu laut und turbulent. Laute Diskussionen sind für sie wie Streit. Dann fühlt sie sich bedroht, weint schnell oder wird aggressiv und neigt zu Überreaktionen. Aber auch ihr starker Gerechtigkeitssinn ist oft Anlass für Streit und Beschwerden. Wenn wir ihr dann zuhören und ihr Raum geben und sie zum Beispiel im Familienrat Vorschläge machen darf, wie etwas anders oder gerechter gehandhabt werden kann, fühlt sich Manuela verstanden und den Umständen und Geschwistern nicht mehr so ohnmächtig ausgeliefert.

Wir suchen ständig das Gespräch mit ihr und fragen, ob wir ihr helfen dürfen. Dann versuchen wir, mit ihr gemeinsam für ihre Gefühle Worte oder Bilder zu finden, und wir beten mit ihr. Manchmal benutzen wir kreative Hilfsmittel, damit Manuela Entlastung erfährt, z. B. malt und bastelt sie ihre Wünsche, oder sie schreibt oder malt ihre Wut auf einen Zettel, den sie im Gebet zu Jesus bringt oder in den Müll wirft. Oft erlebt sie dann im Gebet ganz real, wie Jesus sie tröstet und ihr durch innere Bilder Trost und Zuversicht gibt. Das kann zum Beispiel sein, dass sie bei ihm auf dem Thron sitzt oder auf seinem Schoß, oder er spielt mit ihr auf einer Blumenwiese, je nachdem, was ihr gerade am meisten hilft.

Viele Eltern bewegt das Thema: Darf ich mein Kleinkind in eine Fremdbetreuung geben oder nicht? Ein internationaler Fachkongress zum Thema „Weniger Staat – mehr Eltern: Was brauchen Kleinstkinder?" verabschiedete 2007 dieses Communiqué:

Der internationale Kongress vom 4./5. Mai [2007] in Frankfurt hat erneut die fundamentale Bedeutung der intensiven Kind-Mutter-Beziehung, vor allem in den ersten drei Lebensjahren bekräftigt. Die Zuverlässigkeit und Dauerhaftigkeit dieser Bindung prägt nachweislich in hohem Maße die emotionale, geistige und soziale Entwicklung für das ganze Leben. Mutterentbehrung in den ersten drei Lebensjahren gefährdet die störungsfreie Entwicklung des Kindes. Daher dürfen Eltern nicht gedrängt werden, ihr unter dreijähriges Kind aus finanziellen Gründen fremdbetreuen zu lassen. Wenn dennoch außerfamiliäre Betreuung notwendig wird, ist einer vertrauten Tagesmutter der Vorzug zu geben. Neueste wissenschaftliche Erkenntnisse belegen: Krippenerziehung bleibt Risikoerziehung. Wenn Krippenbetreuung unvermeidlich ist, sollten unbedingt ein Betreuungsschlüssel von drei Babys/Kleinstkindern pro Erzieherin und eine mehrmonatige Eingewöhnungszeit mit der Mutter gewährleistet sein.

Wir appellieren an die Gesellschaft und die Politik, Mütter und Väter in dem entscheidenden primären Bindungsprozess mit ihrem Kind zu unterstützen. Der Staat ist aufgefordert, Eltern und Kindern genügend Zeit und Geld zu belassen bzw. zur Verfügung zu stellen, um jedem Kind die ersten drei Lebensjahre in seiner Familie zu ermöglichen.

Liebe Eltern, machen Sie sich besonders für Ihre sensiblen Kinder stark! Ihnen Halt und ein gesundes Lebensfundament zu geben, ist die wertvollste Gabe, die Sie ihnen mitgeben können. Lassen Sie ein Kind erst dann los, wenn es innerlich so weit ist! Wehren Sie sich auch gegen die verbreitete herabsetzende Sichtweise, dass es minderwertig sei, „nur" Hausfrau (oder Hausmann) zu sein! Überall ist Ihre Arbeitskraft austauschbar, aber als Mutter und Vater sind Sie einmalig und unersetzlich! Wenn Sie es sich irgend leisten können, bleiben Sie so lange wie möglich bei Ihren Kindern zu Hause. Diese Jahre zu Hause gehen letztlich schnell vorbei und danach wird es auch wieder Möglichkeiten für einen beruflichen Einstieg geben, der nicht auf Kosten der gesunden Persönlichkeitsentwicklung Ihrer Kinder geht. Vertrauen Sie darauf, dass Gott für Sie sorgen wird, wenn Sie die Prioritäten richtig setzen und erst später wieder in den Beruf einsteigen.

Zum Schluss noch ein Aspekt, der für einige Familien zutreffen wird: Achten Sie darauf, welche „geistliche Last" Ihre Besucher mitbringen! – Was bedeutet das?

In den Anfangsjahren unserer Familienarbeit kamen oft Ratsuchende in unsere Wohnung. Wir bemühten uns zwar, die Gesprächstermine so zu legen, dass unsere Kinder davon wenig mitbekamen, aber immer war das nicht möglich. Damals wussten wir leider nicht, wie sehr nicht nur die hochsensiblen Kinder den Lasten dieser Ratsuchenden ausgeliefert waren. Obwohl wir versucht hatten, unsere Kinder zu schützen, gestand uns vor einiger Zeit unser erwachsener Sohn, wie schwer es für ihn gewesen war, dass so viele belastete Menschen bei uns ein- und ausgingen. Er hatte sich den Lasten dieser Menschen schutzlos ausgeliefert gefühlt und eine Aversion gegen sie und gegen jegliche Beratung entwickelt!

Eltern, die zu Hause Seelsorge ausüben oder öfter Besuch von belasteten Menschen erhalten, müssen besonders ihre HSL-Kinder schützen. Je jünger die Kinder, desto wichtiger ist dieser Schutz! Für Beratungen sollte man die Zeiten nutzen, in denen die Kinder außer Haus sind. Aber selbst das reicht manchmal nicht aus. Wenn wir wissen, dass Ratsuchende geistliche Belastungen mitbringen, beten wir vorher um Schutz für die Kinder und die Wohnung. Bei manchen Besuchern wissen wir allerdings erst nach einem Gespräch, dass sie belastet waren. Dann beten wir nach der Beratung für uns selbst und die Kinder und stellen die Wohnung wieder ganz unter die Herrschaft Jesu. Bei regelmäßigen Beratungen sollten Sie unbedingt einen gesonderten Raum nutzen.

Zum Abschluss noch ein Wort der Entlastung für Eltern, besonders für hochsensible Mütter und Väter: Bitte kommen Sie nicht unter Druck, wenn Sie dies alles lesen. Auch wenn Sie sich bemühen, Ihrem Kind gute Eltern zu sein: Sie können und werden nie perfekt sein. Sie können Ihre Kinder nicht vor allem Bösen und allem Schmerz schützen! Verschiedene Beispiele dieses Buches zeigen, dass Kinder aufgrund ihrer subjektiven Wahrnehmung manchmal fatale Entscheidungen treffen. Das können wir Eltern einfach nicht verhindern, auch wenn wir uns noch so sehr bemühen. Wir leben in einer sündigen Welt, und zu jeder Erziehungsarbeit gehört auch eine gute Portion Gottvertrauen und Gebet, damit unsere Kinder zu starken Persönlichkeiten heranwachsen.

Kapitel 3

Verbreitete Probleme und Lebensgrundhaltungen

Überlebensstrategien

Weil HSL ständig mit der Schwere im Leben konfrontiert sind, entwickeln sie je nach Typ unterschiedliche Strategien, um damit fertig zu werden. Die Introvertierten neigen eher dazu, diese Welt zu meiden, und versuchen sich von den „bösen Sündern" oder von den Menschen, die Lasten in ihr Leben bringen, zu distanzieren. Sie haben ohnehin ein anderes Lebensgefühl als die Mehrheit und entscheiden sich dann, bestimmte Aktivitäten einfach nicht mitzumachen, um sich vor schwierigen Menschen oder auch vor Situationen zu schützen, in denen sie versagen könnten (was für sie ganz peinlich ist) oder wo ihre Lastenträgergabe aktiviert wird. Oft bezeichnen sie weniger sensible Menschen als rücksichtslos oder ungeistlich und entwickeln einen Hang zur Selbstgerechtigkeit, Besserwisserei und Gesetzlichkeit. Sie wissen oder meinen zu wissen, wie die Dinge laufen müssten, damit keine Fehler passieren und keine neuen Verletzungen und Lasten entstehen. Sie belehren gerne andere und fühlen sich dabei selbst wie das Opfer, das sich ständig schützen muss.

Andere schützen sich, indem sie unfreundlich oder sogar aggressiv auf Menschen reagieren, von denen sie vermuten, dass sie ihnen neue Lasten auflegen könnten. Mit ihrer Ablehnung und Härte können sie sehr verletzend sein. Eigentlich wollen sie nur ihre Ruhe haben. Nur bei bestimmten "zugelassenen" Personen sind sie freundlich, aufmerksam und hilfsbereit. Als ältere Geschwister entwickeln sie möglicherweise eine Abneigung gegenüber den jüngeren, weil sie diese als zusätzliche Arbeitslast für die Mutter empfinden. Es kann etwas dauern, bis man hinter dieser harten Schale den sensiblen, verletzten Menschen entdeckt, der eigentlich das Gute will, aber seinen Empfindungen und Schmerzen ausgeliefert ist. In ihrer Hilflosigkeit kann so eine Person viele Beziehungsprobleme produzieren, obwohl sie eigentlich Schmerzen vermeiden will. Im „Dramadreieck" sind dies die typischen „Verfolger", die sich selbst jedoch, je nach Situation, eher als „Opfer" oder „Retter" sehen. Manchmal ist ihr Verhalten widersprüchlich und für sie selbst verwirrend: In Beziehungen sind sie hart, aber bei Filmen über menschliches Elend weinen sie und möchten die Not lindern. (Das „Dramadreieck" zeigt die Beziehungen und Verhaltensweisen zwischen unseren Rollen als Opfer, Retter und Verfolger.)

Eine weit verbreitete Reaktion von HSL ist, dass sie „Retter" werden und bewusst oder unbewusst die Verantwortung für jede Not der Welt sich selbst aufladen. Sie fühlen sich innerlich verpflichtet, Gerechtigkeit zu schaffen, damit es kein Leid mehr gibt oder zumindest viel weniger Leid. Und so sind viele HSL ständig dabei, diese Welt zu retten und das in Ordnung zu bringen, was andere vermasselt haben. Ihre Hoffnung ist, dass auch ihr eigener Lebensdruck abnimmt, wenn es anderen besser geht. In ihrem engeren Umfeld finden sie dafür genug Betätigungsfelder. Sie entwickeln meist eine starke „Retter-Identität" und werden Anlaufstelle für alle Menschen mit Nöten oder mischen sich sogar ungefragt ein. Wir kennen einige HSL, die von Natur aus fröhlich und extrovertiert sind, richtige Beziehungstypen. Aber sie sind auch sehr verletzt und überfordert, denn sie haben ihre Seele so weit aufgemacht, dass andere ständig mit ihren emotionalen Lasten in sie „hineinrennen" können. Wir mussten ihnen zeigen, wie sie die Tür wieder schließen und ihr Herz schützen können. Wie das konkret möglich ist, können Sie im nächsten Kapitel bei den Gebeten lesen. – Solche lieben, anteilnehmenden HSL finden sich zuhauf in christlichen Gemeinden und Werken, weil hier Offenheit und Nächstenliebe ein Grundwert ist und sie den geeigneten Rahmen für ihre Retter-Identität finden.

Wir können uns vorstellen, dass auch etliche Umweltschützer zur letzten Kategorie gehören. Sie kämpfen für den Erhalt der Natur, weil sie den Schmerz der zerstörten Schöpfung spüren. Sie fühlen, was die Umweltzerstörung anrichtet und noch anrichten wird. Darum machen sie sich stark in einem verzweifelten Kampf für das Leben, für ihre und unsere Zukunft. Wir kennen einen jungen Mann, ein ausgeprägter HSL, der Ökologie und Umweltschutz studiert. Als Teenager fand er eine Gruppe junger Leute, die nächtelang über die Ungerechtigkeit dieser Welt diskutierte und darüber, wie sie diese Welt zum Guten verändern könnten. Er achtet noch heute darauf, dass der Müll ordentlich sortiert wird: „Das kommt nicht da rein. Ich will doch noch länger leben!"

Festlegungen und „innere Schwüre"

Um die verletzte Seele dauerhaft vor Schmerzen und Lasten zu schützen, treffen hochsensible Lastenträger oft grundlegende Entscheidungen, die sich dann zu einem persönlichen Lebensprogramm oder Lebensmotto entwickeln. Wenn diese Entscheidungen in einer sehr verletzenden Situation getroffen werden, haben sie eine intensive, bindende Wirkung. Wir nennen sie „innere Schwüre", weil sie einen Menschen darauf festlegen, in bestimmten Situationen auf eine ganz bestimmte Weise zu reagieren. Diese grundlegenden Lebensentscheidungen und inneren Schwüre werden in der Mehrzahl in der frühen Kindheit getroffen – und wieder vergessen. Aber wie ein Computerprogramm entfalten sie ihre Wirkung im Leben. Dazu gibt es eine Begebenheit aus meinem Leben, die ich hier erzählen möchte.

Bereits als Teenager hatte ich eine persönliche Beziehung zu Jesus. Wegen meiner schlimmen Familiensituation weinte ich damals fast jeden Abend meinen Schmerz vor Gott aus. Das war mein emotionales Ventil, so konnte ich den Alltag und die Schule überstehen. In der Zeit riet mir unser Pastor, meine Not einem Tagebuch anzuvertrauen. So schrieb ich sehr häufig meine Klagen und Gebete auf. Am Schluss stand fast immer: „Ich danke dir, Jesus, dass du jetzt bei mir bist." Auch wenn die Last nie ganz wegging, das Aufschreiben und Beten war eine wunderbare Hilfe für mich.

Als ich kürzlich meine Aufzeichnungen wiederentdeckte, stieß ich auf eine Entscheidung, die ich damals getroffen hatte und die zu meinem Lebensprogramm geworden war. Mit einem Mal war mir klar, warum ich mich in bestimmten Situationen auf eine bestimmte Weise verhielt! Da stand meine fatale Entscheidung klipp und klar: Ich würde mich immer so verhalten, dass andere, vor allem mein Vater, keine Last mit mir haben und sich nie über mich ärgern müssten. Ich würde immer lieb und freundlich sein. Und ich entschied, allen zu dienen, damit es ihnen gut gehe! Mit dieser Entscheidung würde ich auch Gott gefallen, denn in der Bibel hatte ich gelesen, dass ich als Christ bei niemandem Anstoß erregen solle. Und ich wollte ein wirklich guter Christ und der Retter der Familie sein. – Heute weiß ich: So einen Lebensstil kann man nicht leben, schon gar nicht aus eigener Kraft. Das artet zu einem nicht zu schaffenden Stressprogramm aus. Man muss damit scheitern! Ich erinnere mich, dass ich damals sogar meinen Geschwistern Druck machte, damit sie in meinem „tollen" Lebensprogramm mitmachten. Sie waren davon jedoch gar nicht begeistert. Aber ich hatte mit dieser Entscheidung mein Lebensprogramm festgelegt. Zwar brachte es mir nicht die Liebe meiner Eltern ein, geschweige denn die meiner Geschwister, bestimmte aber fortan weite Bereiche meines Denkens und Handelns.

Als Kinder und Teenager treffen wir oft aus einer Verletzung heraus solche weitreichenden Entscheidungen, die für den Moment tatsächlich eine Lösung sein können. Aber meist werden sie Teil unseres Lebensprogramms, sie legen uns auf bestimmte Verhaltensmuster fest, wir sind darin regelrecht gefangen. Was einst eine kindliche Lösung für ein dickes Problem war, wird heute zu einem kindischen „Ich muss". Als Kinder erkennen wir nicht die Tragweite dieser Entscheidungen und niemand erklärt es uns oder hilft uns dabei, sie wieder rückgängig zu machen. Wer hat schon eine Mutter wie Anke, die ihrer Tochter half, die fatale Entscheidung gegen das Weibliche zurückzunehmen? Fast jeder Mensch ist in bestimmten Lebensbereichen in solchen kindlichen Entscheidungen gefangen. Meine Entscheidung konnte mein Verhalten so lange bestimmen, bis ich erkannte, dass ich mich damals selbst zum Retter gemacht hatte. Ich hatte mit meiner Entscheidung übertrieben und ungewollt den Platz eingenommen, der nur von Jesus ausgefüllt werden kann. Er ist der Erlöser und Lastenträger für jede notvolle Situation, nicht ich. Ich kann ihm dabei höchstens zur Hand gehen.

Anke erzählte uns auch, wie durch ihre Hochsensibilität ihr Lebensprogramm entstand.

Ich bin zwar ein Wunschkind, aber meine Eltern hatten während der Schwangerschaft mit mir heftige Konflikte und meine Mutter erlebte eine starke Enttäuschung. Mein Vater, ein Heimkind, hatte Alkoholprobleme und war nicht in der Lage, sich um meine Mutter und mich zu kümmern. So entstand meine frühkindliche Entscheidung: „Ich muss meine Mutter trösten und das Liebesdefizit meiner Eltern füllen." Folglich stellte ich alle eigenen Bedürfnisse zurück, um meine Eltern zu entlasten und ihnen keine unnötige Arbeit zu machen. Ich war ein braves und unauffälliges Kind, aber mein Herz war hart und verschlossen. Innerlich fühlte ich mich einsam und verlassen, wie ein Waisenkind.

Als Kind spürte ich sofort die Stimmungen in einem Raum und hatte öfter das Bedürfnis, meine Tante zu trösten, die sich nach außen hin normal gab, aber innerlich sehr traurig war. Später, in meiner Ausbildung zur Krankenschwester, war ich stundenlang damit beschäftigt, Menschen zu trösten, und kniete mich weit über das normale Maß hinaus in ihre Nöte hinein, betete für sie, hielt private Kontakte und versuchte, ihnen irgendwie zu helfen. Aus der Entscheidung, das Liebesdefizit meiner Eltern zu füllen, hatte sich mein persönliches Lebensprogramm entwickelt: „Ich werde alle Traurigen trösten und ihr Liebesdefizit auffüllen."

Allerdings hatte dieses Leben einen Preis. Müdigkeit und Erschöpfungssymptome nahmen zu und ich hatte alle halbe Jahre einen mir unerklärlichen Nervenzusammenbruch mit Weinattacken. Aber wie bei einem Stehaufmännchen ging mein Leben nach diesem Muster immer weiter.

Ich konnte die Gefühle von Menschen „lesen", wie wenn ich ein Buch vor mir hätte. Betete ich für Leute, so wunderten sie sich, woher ich sie so gut kannte und was ich alles wusste, wo sie mir doch nichts mitgeteilt hatten. Das verstärkte in mir die Überzeugung, Gott wolle, dass ich allen helfe. So lud ich mir

ständig die Nöte aller möglichen Leute auf die Schultern, weil
ich meinte, Gott damit zu gefallen. Die Gabe wurde für mich
mehr und mehr zu einer Last.

Erst durch die Lehre der Sandfords und viel Seelsorge erkannte
ich, was bei mir los war. Ich lernte, aus meinem Lebensprogramm herauszutreten, und kam in eine neue Freiheit. Es lebt
sich so viel entspannter, ich habe sehr viel weniger Migräne, Rü-
ckenschmerzen oder Schulter- und Nackenverspannungen.

Wenn HSL sich für das Lebensmotto entscheiden, Retter, Helfer
oder Friedensstifter sein zu wollen, stehen sie als Erwachsene in
der großen Gefahr kodependenter und dysfunktionaler Beziehungen. Aufgrund ihrer Retter-Identität geraten sie ständig an Freunde
oder sogar an Ehepartner, die große innere Nöte haben. Der HSL
trägt als „Retter" die Lasten einer anderen Person, die sich dann
in der Rolle des „Opfers" gefällt. Kodependente Beziehungen entstehen, wenn man sich in seinen Rollen gegenseitig braucht: Der
Retter braucht das Opfer, und das Opfer braucht den Retter. Aber
so wird keiner der beiden in der Seele heil. In kodependenten Ehe-
beziehungen wird Retten und Anteilnehmen fälschlicherweise für
Liebe gehalten. Das ist jedoch keine Grundlage für eine gesunde
Partnerschaft auf Augenhöhe.

Wenn Sie ein HSL sind, sollten Sie sich unbedingt fragen,
welche bis heute wirksamen Lebensentscheidungen oder inneren
Schwüre Sie getroffen haben. Wie haben Sie sich selbst program-
miert, um mit den Lasten dieser Welt umgehen zu können? Von
welcher Entscheidung müssen Sie sich lösen, von welcher Rolle
sich verabschieden, um in Freiheit leben und dienen zu können?
So ein Programm abzulegen ist besonders schwer, wenn das fami-
liäre, berufliche oder gemeindliche Umfeld diese Verhaltensweisen
weiterhin erwartet und fördert. Natürlich hören wir nicht völlig auf,
uns um Menschen zu kümmern, aber unsere Gabe oder unsere Rolle
darf nicht unser Leben bestimmen. Dann werden wir seelisch und
körperlich Schaden nehmen. Wenn Jesus der Retter und der Herr
unseres Lebens ist, können wir lernen, nach seiner Anweisung und
Anleitung zu dienen. Ist Ihnen bewusst, dass Jesus bei allem Dienst
den Menschen klare Grenzen setzen konnte und manchmal sogar

schroffe Absagen erteilte? Gott hat von Anfang an den Sabbat als den Tag bestimmt, wo wir ganz zur Ruhe kommen sollen. Vor allem HSL sollten diese Grenze sehr gut beachten.

Wie sieht das praktisch aus? Mir wurde wichtig, dass ich nur das zu tun brauche, was Jesus schon längst vorbereitet hat (Eph. 2,10). Das bedeutet: Ich brauche keine Rettungsaktionen mehr einzufädeln. Stattdessen trete ich einen Schritt zurück, lasse los und übergebe die Verantwortung für die Situation an Jesus. Wenn wir HSL jedoch unseren „Retterdienst" nicht loslassen können, arbeiten wir ständig in eigener Anstrengung, es kostet viel Kraft und wir werden früher oder später erschöpft sein. Bleiben dann noch der Erfolg oder die erwünschte Anerkennung aus, besteht die Gefahr, dass wir innerlich „kippen". Das bedeutet, wir entwickeln verborgenen Ärger, Bitterkeit, Aggression, Zorn und werden vorwurfsvoll und fordernd gegenüber Menschen und Gott. Der innere Frust kann uns sonst sehr rücksichtsvolle HSL sogar so weit bringen, dass wir plötzlich alle Dienste hinwerfen oder aus einer Ehe aussteigen.

Darum rate ich Ihnen, Ihre Retterrolle rechtzeitig zu begrenzen. Bitten Sie Jesus, Ihnen zu zeigen, was Sie tun sollen und was die andere Person tun soll und was Jesus tun will. Ich habe erfahren, dass mein Dienst auf diese Weise kaum noch anstrengend ist, sondern Freude bereitet und mein Leben effektiver wurde. Außerdem darf ich es immer wieder erleben, dass Jesus eingreift und er sich kümmert: um meine Kinder, meine Freunde, um Mitmenschen in Not ... – Können Sie loslassen? Können Sie Jesus vertrauen?

Identitätsprobleme und die Suche nach der Berufung

Auffallend ist, dass viele HSL starke Identitätsprobleme haben und sich minderwertig fühlen, selbst wenn sie aus einem liebevollen Elternhaus kommen. Wie bereits gesagt, gibt es dafür verschiedene Gründe. Zu merken, dass man anders ist als die Mehrheit unserer Gesellschaft, nagt am Selbstwert. HSL haben dann Mühe, ein eigenes starkes Selbstbild zu entwickeln, weil sie verwirrt sind und nicht genau wissen, woran sie sich orientieren sollen und wohin ihre persönliche Reise gehen soll. Dazu kommt, dass sie ständig die Lasten anderer spüren und tragen und sich oft zu stark mit fremden Nöten belasten. Die Identität der HSL besteht dann in der Rolle, sich um andere zu kümmern bzw. sich andere „vom Hals zu halten". Sie wissen gar nicht, wer sie selbst sind, kennen ihre eigenen Bedürfnisse nicht, und ihre Seele und ihr ganzes Leben kann verkümmern.

Die Suche nach der eigenen Bestimmung und Berufung ist für viele HSL ein langer, manchmal qualvoller Weg. Sie wollen den Dingen auf den Grund gehen und den tieferen Sinn einer Sache oder des Lebens entdecken. Darum durchdenken und hinterfragen sie ständig sich selbst sowie andere und die ganze Welt. Oft sind ihnen die Gesellschaft und die christlichen Gemeinden zu oberflächlich. Sie sind unzufrieden, weil sie tief in sich spüren oder wissen: Es gibt mehr, es muss einen tieferen Grund geben für dieses Leben – für mein persönliches Leben! So sind sie auf der Suche, unstet und unzufrieden, manchmal auch depressiv, weil sie nicht recht vorankommen. Da niemand sie wirklich versteht und begleitet, probieren sie oft verschiedene Tätigkeiten aus, um ihre Bestimmung zu finden. Teenagereltern kann es zur Verzweiflung bringen, dass ihre Kinder ständig neue Ideen und Vorstellungen haben, was sie jetzt unternehmen oder lernen wollen. Später sind manche HSL erfolgreich und doch unzufrieden in ihrem Beruf, viele plagt das Gefühl der Unzulänglichkeit und des ständigen Versagens. Karriere zu machen oder gutes Geld zu verdienen ist für sie keine Lebenserfüllung und kein erstrebenswertes Lebensziel.

Es kann Jahre dauern, bis sie entdecken, wozu sie geschaffen sind, und einen Ort oder eine Aufgabe finden, wo sie sich wohl fühlen. Manche trauen sich erst in der zweiten Lebenshälfte, dem inneren Drängen und Sehnen nachzugeben und aus dem gewohnten, ungeliebten Alltag auszusteigen. Etliche HSP sind hochintelligent und wirken gleichzeitig wie „verkrachte Existenzen". Einige haben regelrechte, für Außenstehende nicht nachvollziehbare Brüche in ihrer Lebensgeschichte. Ein bekanntes Beispiel dafür ist der Maler Paul Gauguin (1848–1903). Er entstammte der Pariser Mittelschicht, wurde ein erfolgreicher Aktienhändler und führte mit seiner Frau und den fünf Kindern ein bequemes Leben. Durch eine

Kunstausstellung und die Begegnung mit einem Maler wurde er ab 1874 Kunstsammler und begann auch selbst zu malen. Neun Jahre später gab er seine Existenz auf, verließ seine Familie, wanderte aus und lebte fortan in einfachsten Verhältnissen. 1891 entfloh er, finanziell ruiniert und verschuldet, endgültig der europäischen Zivilisation und allem, was er für „künstlich und konventionell" hielt, um den Rest seines Lebens auf Tahiti und anderen tropischen Inseln zu verbringen und dort zu malen.

Auch bei der Suche nach der Bestimmung und Identität können frühkindliche Entscheidungen eine Rolle spielen und in die Irre leiten. Wir kennen einige HSL, die in ihrer Kindheit traumatische Erfahrungen gemacht hatten. Die plötzliche Trennung von den Eltern durch einen überraschend notwendigen Krankenhausaufenthalt war für diese Kinder ein Desaster, vor allem, wenn Mama und Papa das Kind nicht besuchen durften oder die Besuche nicht so wichtig nahmen. Als Erwachsene haben sie zu kämpfen mit innerer Einsamkeit, Lebensängsten, Versagensängsten, viel Unsicherheit und sie haben oft Probleme, sich wirklich angenommen zu fühlen. Diese frühkindliche Verletzung hat ihrer Persönlichkeit einen starken Schlag versetzt, und entsprechend schwer tun sie sich, ihren Platz im Leben zu finden und damit Lebenserfüllung und Zufriedenheit. Die folgende Geschichte macht deutlich, wie sensible Kinder aufgrund alltäglicher Ereignisse fatale Entscheidungen treffen können und sich damit Identitätsprobleme einhandeln.

Daniela war mit ihren drei Jahren ein richtiges Mama-Kind. Sie hing sehr an mir. Als ich wieder schwanger war, trug ich sie trotz ihres Protestes nicht mehr die Treppe hoch. Da traf sie die Entscheidung, sich nun ganz von Mama zu distanzieren, damit ihr das Wegfallen dieses geliebten Rituals nicht so wehtun würde. Das ging so weit, dass sie sich nicht mehr von mir umarmen ließ, und sie begann, sich selbst und alles Weibliche abzulehnen, trug keine Kleider und Röcke mehr, die sie vorher so gemocht hatte. Auch ihre Zöpfe gefielen ihr nicht mehr und sie akzeptierte nur noch den Papa als Ansprechpartner. Ständig sagte sie, dass sie so werden wolle wie Papa. Innerlich litt sie sehr: Sie nässte wieder ein, ließ mich aber einfach nicht mehr an sich heran. Als wir endlich mit ihr über diese Entscheidung beteten, legte sich ihre Ablehnung des Weiblichen innerhalb einer Woche.

Aber immer noch schmerzte es sie, dass sie nicht mehr von Mama getragen wurde. Als mein Mann nach einiger Zeit selbst krank wurde, verschlimmerte sich Danielas Zustand. Sie begann sogar einzukoten, weinte wegen jeder Kleinigkeit, und es gab keine Nacht mehr ohne Geschrei. Sie hatte das Empfinden, nun auch Papa verloren zu haben. Statt dass sie von ihm gehalten und getragen wurde, trug sie innerlich seine Last und seinen Schmerz. Erst zwei Jahre später wurden uns diese Zusammenhänge durch eine Beratung deutlich. Danach erzählte ich Daniela in einem geeigneten Augenblick die „Geschichte von dem kleinen Mädchen". Sie ging innerlich gut mit und erkannte, dass es in der Geschichte um sie ging. Wir konnten miteinander beten, und sie gab ihre Entscheidung „Mama lasse ich nicht mehr an mich heran" und die Lüge „Mama und Papa haben mich nicht mehr lieb" an Jesus ab und akzeptierte wieder die Wahrheit, dass sie von uns geliebt war. Ich betete dann noch um Heilung für ihre verletzte Seele und um Schutz für sie. Seitdem konnte Daniela unsere Liebe wieder zulassen, sie kam zum Kuscheln zu mir und konnte sich wieder ganz fallen lassen. Wir übten dann mit ihr ein, wie sie selbst für Schutz beten und wie sie Lasten abgeben konnte. Es ist für sie eine große Erleichterung zu wissen, wie sie innerlich „funktioniert" und dass sie nicht verkehrt ist.

Das Verhalten von Daniela lässt sich so erklären: HSP-Kinder sind unsicher, haben ein schwaches Selbstwertgefühl und darum das große Bedürfnis, von starken, perfekten, liebenden Eltern gehalten und geschützt zu werden. Empfangen sie von denen jedoch Signale der Ablehnung, was nicht ausbleiben wird, können sie überreagieren und plötzlich nur noch die schlechten Seiten der Eltern sehen. Sie gehen völlig auf Abstand und lehnen ihre Eltern bewusst ab. Das scheint ihnen weniger schmerzhaft zu sein als die wiederholte Enttäuschung und Ablehnung. Diese Distanzierung ist ihre Entscheidung und gibt ihnen das Gefühl der Kontrolle über die unangenehme Situation. Sie fühlen sich als „Herr der Lage". Als Erwachsene übertragen verletzte schwache Menschen dieses kontrollierende Verhalten häufig in ihre Freundschaften oder in die Partnerschaft und zerstören damit gute Beziehungen.

Enttäuscht von der Gemeinde

In christlichen Gemeinden und Werken sind hochsensible Retter und Helfer gerne gesehen, sie haben dort einen festen Platz. In der Regel sind sie angepasst und zeigen ein hohes Maß an Hingabe. So gut es für sie ist, in einer Gemeinde eingebunden zu sein und einen Rahmen für ihren Dienst zu haben, es lauern hier auch Gefahren. Wenn ihre eigene Identität nur schwach ausgebildet ist, kann es gut sein, dass sie diesen Mangel (unbewusst) durch eine überzogene Hingabe wettmachen wollen. Manche fühlen sich selbst bedeutungsvoller und stärker, wenn ihre christliche Gemeinde oder Gruppe ein gutes Image in der Öffentlichkeit hat. So dienen sie und suchen gleichzeitig Halt und Identität in der Gruppe. Manche gehen ganz in der Identität der Gruppe auf und versäumen es, eine eigene gute Identität zu entwickeln. Das geht so lange gut, wie sie Teil der Gruppe sind. Spätestens wenn sie diese Gruppe verlassen, manchmal auch früher, kommt für sie eine starke Ernüchterung, teilweise verbunden mit einem emotionalen, körperlichen und sogar geistlichen Zusammenbruch.

In vielen ziel- oder dienstorientierten Gemeinden oder Werken wird nicht die eigenständige Persönlichkeit und die gesunde eigene Identität der Mitarbeiter gefördert, sondern erhalten Mitarbeiter dann die meiste Anerkennung, wenn sie sich den Zielen der Gruppe verschreiben und ganz darin aufgehen. Wer es wagt, bestimmte Eigenarten der Gemeinde zu hinterfragen, wird sehr vorschnell einfach als ungehorsam und rebellisch bezeichnet. Und da hochsensible Lastenträger keinen Streit und keinen Ärger wollen, passen sie sich an, verdrängen ihre Wahrnehmung (das sind sie ja gewohnt), zweifeln noch mehr an sich selbst und dienen mit noch größerer Hingabe. So kann es geschehen, dass diese hingegebenen Lastenträger sich „ausbeuten" lassen, statt dass ihnen geholfen wird, ihre Gabe zu erkennen und klare Grenzen zu ziehen. Das führt bei vielen dazu, dass sie sich irgendwann von ihrer Arbeit und den damit verbundenen emotionalen Lasten erdrückt fühlen. Sie spüren es als Probleme im Rücken-Nacken-Schulterbereich. Oder sie werden sehr müde und erschöpft und brennen manchmal sogar aus. Jede Predigt

und jedes Bibelwort über „ganze Hingabe" spricht sie an (auch wenn
es mit Sicherheit nicht ihnen gilt), und sie geben sich noch mehr
hin, obwohl sie sich bereits über ihre Kräfte verausgaben. Bei jeder
aufrüttelnden Kollektenrede, die manche Leute nötig haben, fühlen
sie sich angesprochen und greifen tiefer in ihre Geldbörse, als sie
sich eigentlich leisten können. Sie haben sich entschieden, alles
für Gott zu geben, und hoffen auf die himmlische Belohnung. Für
sie zeigt sich Hingabe an Gott durch Hingabe an dieses bestimmte
Werk, an diese bestimmte Gemeinde. Und was Hingabe bedeutet,
das definieren die jeweiligen Leiter. In einem solchen Umfeld geraten Lastenträger leicht in die Gefahr, sich geistlich missbrauchen
zu lassen. Sie lassen sich benutzen und ausnutzen und werden
mitten in ihrem Dienst für Gott um das wahre Leben und ihre
wahre Identität in Christus betrogen. Das mag hart klingen, aber
wir kennen genügend HSL, die dies und Schlimmeres erlebt haben.
Ein junger Mann gestand uns: „Ich habe in dieser Gemeinde Gott
als Arbeitgeber kennengelernt, aber nicht als liebenden Vater, den
ich eigentlich suchte." Es tut uns weh, dies hier so sagen zu müssen.
Bis ein Lastenträger endlich den Mut fasst, solch eine Gemeinde zu
verlassen, ist die schwache Identität häufig noch weiter geschwächt,
und die Person hat großen Schaden genommen.

Für betroffene HSL ist es wichtig, ihren Anteil an diesem Dilemma zu erkennen. So lange sie innerlich nicht heil geworden sind
von den Wunden ihrer Vergangenheit, sind sie auf der Suche nach
Verständnis und Annahme und nach einem Ort der Geborgenheit.
Damit sind sie aber auch anfällig für Gruppen und Gemeinden mit
einer starken Identität. Von diesen versprechen sie sich, dass ihre
tiefen Sehnsüchte nach Sicherheit und Annahme erfüllt werden.
Zu Beginn gibt es meist eine gute Phase, die einige Jahre anhalten
kann. Aber da sie nicht geheilt sind und ständig nach Annahme und
Verständnis suchen, haben sie auch sehr hohe Ansprüche an die
Gemeinde und die Integrität der Leiter und der Mitarbeiter. Diese
können ihnen jedoch nicht das Maß an Zuwendung, Verständnis und
Heilung geben, das sie erwarten und brauchen. Weniger sensible
Personen kommen in solchen Gemeinden und Werken gut zurecht,
sie haben geringere Erwartungen und können sich besser abgrenzen.

Lastenträger sind jedoch irgendwann ernüchtert und enttäuscht, sie fühlen sich nicht angenommen und verstanden. Auf ihrer Suche nach „dem Echten" haben sie ihrer Meinung nach doch nur wieder „Oberflächliches" und „Vorgespieltes" gefunden, sie empfinden vieles als fromme Fassade. Irgendwann verlassen sie, die so treu waren, frustriert oder sogar verbittert diese Gruppe und haben hinfort Mühe, sich woanders anzuschließen und neue Freunde zu finden. Zu groß ist das Misstrauen und die Sorge, auch dort wieder ausgenutzt zu werden. Sie sind tief enttäuscht von Leitern, von Mitchristen, und auch an Gott haben sie starke Anfragen. Aber sie müssen verstehen: Alle christlichen Leiter machen Fehler, keine Gemeinde, kein Werk ist vollkommen und kann die unterschiedlichen Bedürfnisse der Mitglieder erfüllen. Wenn diese enttäuschten HSL für sich selbst keine Hilfe suchen und ihre Geschichte nicht aufarbeiten, wenn sie ihre Bitterkeit und ihre Verurteilungen nicht aufgeben und nicht lernen, angemessene Grenzen zu ziehen, ist die Gefahr groß, dass sie in Selbstmitleid versinken und vereinsamen oder auch aggressiv reagieren. Aber ihre von Gott gewollte Identität, ihre Bestimmung und ihren Platz im Leben werden sie so nicht finden.

Als Christen sollten wir uns davor hüten, einander unsere Vorstellungen darüber aufzudrängen, wie genau ein Nachfolger Jesu leben soll und wie nicht. Wir haben je nach Typ unterschiedliche Berufungen und Aufträge und unterschiedliche Zugänge zu Gott. Es gibt nicht den einen richtigen Weg der Nachfolge! Was für den einen richtig ist, kann für den anderen verkehrt sein. Manche fühlen sich durch große Ziele und praktische Aufgaben herausgefordert, andere kümmern sich lieber um Details und gehen gerne einzelnen Menschen nach. Jesus wird beschrieben als Löwe und Lamm. Das heißt, er vereinigt in sich die Eigenschaften des königlichen Herrschers und des priesterlichen Ratgebers. In der Gemeinde brauchen wir sowohl diejenigen, die gerne „neues Land erobern" und zielgerichtet nach vorne gehen, um die Herrschaft Gottes auszubreiten, wie auch diejenigen, die als hochsensible Lastenträger wie priesterliche Ratgeber lieber in der Stille und in die Tiefe wirken und denen Charakter und Beziehungen ganz wichtig sind. Das ist kein Widerspruch, sondern wir sind einander zur Ergänzung gegeben. Solange wir uns gegenseitig hinterfragen und verurteilen, versündigen wir uns aneinander und verschleißen Kräfte an der falschen Stelle. Beide Aspekte sind wichtig mitsamt den anderen Gaben und Diensten, die dazwischen anzusiedeln sind.

Kapitel 4

Heilung für verletzte Lastenträger

Aufgrund ihrer Kindheitsgeschichte neigen viele hochsensible Lastenträger dazu, sich ständig selbst zu beschuldigen und sich als Versager zu fühlen. Um das zu kompensieren, suchen sie als „gute" Christen immer wieder nach Sünde in ihrem Leben, sie plagen sich mit unfruchtbaren Bußübungen oder einem überzogenen Hingabeverständnis. Auf diese Weise hoffen sie, die quälenden inneren Fragen und Schmerzen zu überwinden und sicheren Boden zu erreichen, aber eigentlich brauchen sie Trost und innere Heilung, damit sie ein neues Lebensgefühl entwickeln und entspannt leben können.

Wenn Menschen in einer dysfunktionalen Familie aufgewachsen sind, wurden sie verletzt und haben gelernt, sensibel auf Umstände zu reagieren. Darum müssen sie lernen zu unterscheiden, ob sie nur aufgrund ihrer Vergangenheit verletzt und sensibel sind oder ob sie ein echter HSL sind. Solange HSL keine Heilung empfangen von ihren alten Verletzungen und ihre Gabe nicht angemessen handhaben können, bleibt das Leben für sie verwirrend und schwer. Wenn sie die Lasten anderer spüren, addieren sich diese zu den eigenen unbewältigten Lasten und Schmerzen. Diese alten Lasten melden sich jedes Mal, wenn HSL einen ähnlichen neuen Schmerz wahrnehmen. Das tut natürlich sehr weh, verwirrt und lähmt. Wie sollen sie das eine vom anderen trennen? Und wie können sie angemessen auf die Lasten anderer reagieren, wenn die größer erscheinen, als sie tatsächlich sind?

Je mehr meine Seele heil wurde, umso klarer konnte ich das unterscheiden. Verletzte HSL brauchen innere Heilung, damit sie mit ihrer Gabe in der Gegenwart dienen können, ohne dass ihre verletzten Emotionen sie treiben. Für mich habe ich festgestellt: Werde ich in bestimmten Situationen von Schmerz überwältigt, ist immer ein gewisser Anteil alten Schmerzes dabei, der noch der Heilung bedarf. Heilung von den Wunden der Vergangenheit und die Entwicklung eines positiven Selbstbildes geschieht jedoch nicht einfach so, sondern man muss bewusst die nötigen Schritte gehen. Wir zeigen im Folgenden, welche Schritte dazu gehören, und geben eine konkrete Anleitung zum Gebet.

Neubewertung der Vergangenheit

Der erste Schritt zur Versöhnung mit der Gabe und dem Leben ist Selbsterkenntnis. Wir erleben es immer wieder: Wenn HSL gute Informationen über die Gabe erhalten und sich selbst besser verstehen, bedeutet dies eine erste Entlastung und Entspannung. Zwar wühlt es sie auf und arbeitet in ihnen, wenn sie aufgrund dieser Informationen ihre Lebenserfahrungen und Lebenssicht neu ordnen müssen, aber es erleichtert sie auch. Doch das ist nur der Anfang. Es lohnt sich, den notwendigen Heilungsprozess bewusst anzugehen, auch wenn er einige Zeit dauert. Die innere Freiheit und das neue Lebensgefühl, die man gewinnt, sind es wert.

Elaine Aron empfiehlt als ersten Schritt zur Heilung oder Neuausrichtung des Lebens, sich bestimmte schmerzhafte Erfahrungen der Vergangenheit wieder zu vergegenwärtigen und unter dem Gesichtspunkt der Hochsensibilität erneut zu durchdenken, zu durchleben und dann neu einzuordnen. Wie kann das praktisch aussehen?

Gönnen Sie sich eine Auszeit und erinnern Sie sich an ein bestimmtes Ereignis in Ihrer Vergangenheit, bei dem Sie als HSL gelitten und auf das Sie in bestimmter Weise reagiert haben. Wie hatten Sie diese Erfahrung bisher eingeordnet? Wie sieht Ihre Gefühlslage in Bezug auf dieses Ereignis aus, und welche Schlussfolgerungen haben Sie damals für Ihr Leben gezogen?

Wenn Ihnen das gegenwärtig ist, schauen Sie dieses Ereignis nochmals an, und zwar unter dem Gesichtspunkt, dass Sie es ja als HSL erlebt haben. Deuten Sie es aufgrund der Ihnen nun zur Verfügung stehenden Informationen neu. Waren Sie in der Situation vielleicht schon überstimuliert und überfordert, oder nahmen Sie tatsächlich etwas wahr, was den anderen verborgen blieb? Müssen Sie sich wirklich weiterhin für einen Versager oder für seltsam halten, oder haben Sie als Lastenträger ganz normal und angemessen reagiert und brauchen sich dessen gar nicht zu schämen?

Wichtig ist nun zu entscheiden, was Sie mit dieser Erinnerung machen. Treten Sie heraus aus dem Makel und der Scham, indem Sie die Entscheidung treffen, von nun an dieses Ereignis in einem neuen Licht zu sehen und es neu zu bewerten. Entscheiden Sie, dass dieses Erlebnis Ihren Selbstwert nicht mehr hinterfragen oder beeinträchtigen darf. Sie haben als HSL normal und angemessen reagiert! Am besten schreiben Sie auf, wie Sie von nun an darüber denken werden, und sprechen sich die neue Entscheidung oder Sichtweise wiederholt zu, bis Sie sie verinnerlicht haben. Wenn Sie sich selbst ermutigen, tun Sie es so, als würden Sie ein Kind trösten, beruhigen und ihm Mut machen. Sehr hilfreich ist es, wenn durch einen Freund oder eine Freundin diese neue Sichtweise bekräftigt wird. Elaine Aron rät Hochsensiblen generell, öfter ihrem „inneren Kind" Mut zu machen. Reden Sie in schwierigen Situationen mit sich selbst so, wie man mit einem Kind spricht, und manche Situation wird ihren Schrecken verlieren und leichter zu bewältigen sein.

Diese persönliche Neubewertung allein vorzunehmen ist möglich für Erlebnisse, die nicht zu verletzend waren. Wir empfehlen jedoch sehr, auch bei der Neubewertung Hilfe in Anspruch zu nehmen und die Situation mit einer zweiten Person zu reflektieren. Bei schweren seelischen Verletzungen wie Missbrauch oder traumatischen Erfahrungen brauchen Lastenträger jedoch unbedingt die Hilfe eines Seelsorgers oder Beraters. Diese sollten darauf achten, dass ein HSL nicht in einer „Opfermentalität" stecken bleibt oder die Hochsensibilität als Entschuldigung für eigene problematische Verhaltensweisen anführt und sich dahinter versteckt.

Heilung von seelischen Verletzungen

Eine interessante Beobachtung ist, dass viele hochsensible Lastenträger es nur schwer zulassen, dass man sich um sie kümmert und dass ihnen gedient wird. Sie haben gelernt, ihre Bedürfnisse immer zurückzustellen, und meinen, dass es anderen ja noch viel schlechter gehe. Sie sind rücksichtsvoll und bescheiden, niemandem wollen sie zur Last fallen, auch nicht dem Seelsorger. Oder sie stellen ihr eigenes Bedürfnis nach Heilung zurück mit dem Argument: Wenn anderen gedient wird, wenn es ihnen besser geht, dann sind ja die Nöte in der Welt geringer und dann wird es mir auch besser gehen. Im Grunde jedoch lieben sie ihre Rolle des Kümmerns und Rettens zu sehr und haben Angst, ihre so gewonnene Identität zu verlieren, selbst wenn sie dafür den hohen Preis eines anstrengenden Lebens bezahlen müssen. Letztlich sind es die inneren Entscheidungen und ihr Stolz, der Hilfe verhindert. Lesen Sie, wie es Birgit erging:

Nach einer Lobpreiszeit waren wir eingeladen, in einer längeren Stille Jesus zu begegnen und ihn zu hören. Mein Eindruck oder Gefühl zu Beginn der Stille war ganz intensiv und real: Ich sah und spürte, wie jeder im Raum zu Jesus lief, auf seinen Schoß stürmte, mit seiner Not und Bedürftigkeit Jesu Herz suchte. Verwirrt schaute ich zu, fragend, beobachtend – selbst mit sehnsüchtigem Herzen, Jesus gerade jetzt zu begegnen. Tastend suchte ich Jesus im Gebet, brachte die Menschen mit ihren Nöten und Bedürfnissen zu ihm. Der „Nebel" lichtete sich und ich konnte endlich ganz klar wahrnehmen, wie Jesus gerade auf mich wartete, sein Schoß für mich frei war – ohne dass jemand anderer zu kurz kommen würde. So nahm ich meinen Platz in seinen Armen ein und spürte gemeinsam mit Jesus dem Vorhergegangenen nach.

Plötzlich sah ich mich in ähnlichen Situationen mit meinen sieben Geschwistern. Ich war immer diejenige gewesen, die zugunsten der anderen verzichtet hatte. Aus ganzem Herzen hatte ich das getan, weil mir mein Anliegen nicht so wichtig erschien wie das der anderen. Er erinnerte mich an die Geschichte „Nicht wie bei Räubers" von Ursula Marc, durch die Gott mir unter anderem zu verstehen gab, dass ich nicht länger wegen der Not eines anderen auf den Platz an Jesu Herzen verzichten muss und dass meine Bedürfnisse ebenso schwer wiegen und für Jesus ebenso wichtig sind wie die der anderen und dass jederzeit für jeden Einzelnen ganz persönlich eine Herzensbegegnung mit ihm möglich ist. Ich hatte dann gerade noch Zeit zu sagen: „Danke Jesus, dass ich heute wieder auf deinem Schoß angekommen bin und hören kann, wie dein

Herz für mich schlägt und dass du mich mit meinem Namen ansprichst und dass ich das genießen kann in der tiefen Gewissheit, dass du es jedem hier im Raum schenkst!"

Ich fühlte mich trotzdem irgendwie schlecht nach dieser Erfahrung, weil ich so lange gebraucht hatte, um bei Jesus anzukommen, und weil ich so lange mit den anderen beschäftigt war, die inzwischen gute geistliche Erlebnisse hatten. Erst durch den Vortrag über das Lastentragen sehe ich meine Erfahrung in einem neuen Licht.

Anklage gegen Gott fallen lassen

Oft können oder wollen HSL sich nicht dienen lassen und zu Jesus gehen, weil sie enttäuscht und unzufrieden sind mit Gott und ihn anklagen. Lange schlagen sie sich mit der Frage herum: „Warum lässt Gott all die Ungerechtigkeit, das Leid und den Schmerz zu?" Diese Frage möchten sie theologisch oder rational geklärt haben, denn sie finden das Leben schwer und ungerecht. Gegen Gott haben sie ein tiefes Misstrauen entwickelt, weil er nicht so eingreift und so rettet, wie sie es sich vorstellen. Ihre Erfahrung ist: Immer mussten sie allein mit ihrer Not zurechtkommen, nie hat sie jemand getröstet und gelehrt, wie sie ihren Schmerz, ihren Zorn und ihre Wut zu Jesus bringen können. So entscheiden sie, sich selbst und andere zu retten, damit überhaupt etwas geschieht. Es ist zu beobachten: In dem Maße, in dem sie als Kind den Eltern oder Gott ihre Verletzungen nicht anvertrauen konnten, haben sie auch heute Mühe, Gott ihre Verletzungen und die Verletzungen anderer anzuvertrauen. Wenn die innere Anklage gegen Gott oder Jesus nicht fallen gelassen wird, können diese Menschen nur schwer Heilung empfangen, denn echte Heilung und Entlastung kommt von Jesus.

Manchmal werden HSL erst durch extreme Lebenssituationen oder körperliche und seelische Zusammenbrüche wachgerüttelt und erkennen, dass sie Hilfe brauchen. Bestimmte Symptome oder Krankheiten zwingen ihnen eine Pause auf. Dazu gehören *Burnout* und Erschöpfungsdepressionen sowie Suchtverhalten oder Zwänge, durch die sie an ihre Grenzen kommen. Wenn der Körper oder die Seele streikt und nicht mehr die Lasten anderer tragen kann und will, sollten HSL das als Signal für die dringende Notwendigkeit einer Auszeit und Neuorientierung erkennen, und nicht Gott deswegen anklagen!

Innere Heilung

Jeder Mensch, der in der Kindheit seelischen Verletzungen ausgesetzt war, reagiert darauf mit psychischen Schutzmaßnahmen und Abwehrmechanismen. So entstehen persönliche Lebensmuster, die unser Denken und Fühlen bestimmen. HSP erleben aufgrund ihrer neurobiologischen Beschaffenheit auch kleinere Verletzungen als dramatischer und reagieren darauf nachhaltiger. Wie gesagt, die Filter der HSP sind schwächer, ihre Wahrnehmung intensiver, ihre Verarbeitung gründlicher. Darum können besonders bei ihnen unverarbeitete schwere Familiensituationen und traumatische Ereignisse im späteren Leben eine Neigung zu krankhaften Persönlichkeitsstörungen zur Folge haben. Diese Zusammenhänge beschreibt Dr. Samuel Pfeifer in seinem Buch „Der sensible Mensch".

Ohne Hilfe von außen kommen verletzte hochsensible Kinder zu verkehrten Schlussfolgerungen und entwickeln oft heftige Schutzreaktionen, die ihr ganzes Leben überschatten. Diese Kinder werden dann von anderen als extrem sensibel, als leicht reizbar und überempfindlich wahrgenommen, auch später als Erwachsene. Sie sind jedoch ihrem inneren Alarmsystem, den psychischen und körperlichen Symptomen, ziemlich hilflos ausgeliefert. Darin sollte man sie ernst nehmen und nicht verurteilen. Aber bei Überreaktionen, die für andere oder für sie selbst schädigend sind, müssen Grenzen gesetzt werden. Für Eltern verweisen wir hierzu auf die Erziehungsratschläge in Elaine Arons Buch „Das hochsensible Kind". Als Erwachsene stehen wir jedoch in der Verantwortung, uns unserer überzogenen Haltungen und Handlungen, die wir als Abwehrmechanismen entwickelt haben, bewusst zu werden und uns auf einen Veränderungsprozess einzulassen. Wir merken, dass es HSL manchmal schwerfällt, Korrektur anzunehmen, wenn ihnen ihre verletzende Haltung gespiegelt wird. Sie empfinden dies erneut als Ablehnung. Aber nur wenn sie sich dem stellen, kann der Prozess der inneren Veränderung stattfinden.

Was bedeutet das für HSL? Schwierige Familienumstände in ihrer Kindheit und Jugend fordern hochsensible Lastenträger heraus, auf vielen Ebenen Überlebensstrategien zu entwickeln, aber solches Erleben „verunreinigt" auch die Gabe. Wir sagten bereits, dass HSL oft aufgrund ihrer verletzten Seele überempfindlich reagieren, weil sich die Erinnerung an den eigenen Schmerz mit einer neuen Last mischt. In bestimmten verletzenden Situationen werden sie „getriggert" und können nicht mehr besonnen reagieren. Um ihre Außenwahrnehmung klarer von den inneren Impulsen zu unterscheiden und mit ihr angemessen umgehen zu können, ist für sie innere Heilung unbedingt notwendig. Dazu gehört, denen konkret zu vergeben, die sie verletzt haben, und Gottes Trost zu empfangen für die Wunden, die ihnen zugefügt wurden. Trost wird oft vergessen, aber ohne Trost schmerzen alte Wunden lange und heilen schlecht. In der Gebetsseelsorge erleben wir immer wieder, wie Jesus in diesem Prozess sehr behutsam und liebevoll mit den Ratsuchenden umgeht und Trost gibt, den Menschen nicht geben können. Wenn jemand in der Kindheit traumatisiert wurde, z. B. durch emotionalen oder sexuellen Missbrauch, empfehlen wir, fachliche Hilfe zu suchen.

Ein weiterer Schritt zur Freiheit ist es dann, die eigene Bitterkeit zu erkennen und darüber Buße zu tun. Verletzte Menschen und besonders verletzte HSL sind im Herzen voller Verurteilungen und negativer Erwartungen gegenüber anderen, angefangen bei Eltern und Geschwistern, über Lehrer und Schulkameraden bis hin zu Leitern, Pastoren, Mitarbeitern oder Arbeitskollegen, Freunden und dem Ehepartner. HSL haben sehr hohe Maßstäbe an Beziehungen. Manche hatten sich als Kind mit der Mutter solidarisiert und den Vater dafür verurteilt, dass er nicht liebevoll mit ihr umging. Die Folge kann sein, dass sie nun alle verurteilen, die weniger sensibel und einfühlsam sind als sie.

Vergebung, Trost und Buße sind notwendige Schritte zur inneren Heilung, aber sie reichen nicht aus, um von den alten Lebensstrukturen befreit zu werden. Während die genannten Punkte bearbeitet werden, muss der Seelsorger ständig Ausschau halten nach fatalen Lebensentscheidungen und inneren Schwüren, die aufgrund dieser Verletzungen getroffen wurden. Wozu hatte sich der HSL entschieden, um mit der Last umzugehen oder um sich vor neuem Schmerz zu schützen? Was ist sein Lebensmotto oder Lebensprogramm geworden, für welche Rolle hat er sich entschieden? Retter, Opfer, Ankläger, Nörgler, Beobachter, Einsiedler, hart zu sein …?

Diese Grundentscheidungen oder inneren Schwüre sind die stärkste Macht im Leben eines Menschen. Leider werden sie von dem Betroffenen fast nie alleine erkannt, denn sie sind dem Bewusstsein verborgen. Ein guter Seelsorger wird diese Entscheidungen immer aufdecken und den Ratsuchenden dahin führen, sie abzulegen und neue Entscheidungen zu treffen. Wenn ich mit Ratsuchenden an diese Grundentscheidungen komme, stoße ich dabei oft auch auf eine verborgene Todessehnsucht oder auf Todeswünsche. Wir sagten bereits, dass diese in der Regel aus der vorgeburtlichen oder frühkindlichen Phase stammen. Oft finden sie sich auch generationsübergreifend bei der Mutter oder dem Vater. Der Ratsuchende muss sich davon lösen und dann neu für das Leben entscheiden. Das kann sehr tief gehen und existenziell sein, aber es ist ein entscheidender Schritt in die Freiheit.

Wenn HSL lange Zeit die Lasten der Eltern oder anderer Personen getragen haben und diese Lasten jetzt bei Jesus abgeben wollen, kann das manchmal ein richtiger Kampf sein. Sie haben sich so sehr mit ihrer Aufgabe und der Not einer Person identifiziert, dass es ihnen nun schwer fällt, das aufzugeben. Es gehörte zu ihnen, es war jahrelang Teil ihres Lebens! Aber in der Begegnung mit Jesus wird dies möglich, und wenn sie dann loslassen, erleben sie eine tiefe Befreiung, die ein ganz neues Lebensgefühl mit sich bringt. Manche fühlen sich danach so leicht, als wären Zentnerlasten von ihren Schultern genommen. Es kann sein, dass sie danach einige Tage wie benommen sind. Weiter unten beschreibt unsere Tochter, wie es ihr bei einem solchen Lösungsgebet erging. Am leichtesten geht es, wenn Jesus durch diesen inneren Prozess führt und deutlich macht, dass er der wahre Lastenträger und der Retter ist. Das ist eine der befreiendsten und schönsten Erfahrungen, die ein Mensch machen kann.

Für die Ratsuchenden können die genannten Prozesse sehr anstrengend sein, weil ihr ganzes Lebensgebäude ins Wanken kommt. Es ist ein tiefes, inneres „Umsortieren" von Erfahrungen und Bewertungen, von Sichtweisen und Rollen. Um diesen Heilungsprozess effektiv zu durchlaufen, halte ich die Begleitung durch einen Berater oder Seelsorger für notwendig.

Wenn die seelischen Wunden der HSL geheilt sind, wenn sie frei sind von eigenen alten Lasten, wenn sie ihre verkehrten Lebensentscheidungen erkannt und revidiert haben, kann ihre Seele zur Ruhe kommen. Ihre Gabe erhält den ihr zustehenden Platz, und sie gewinnen eine gute Distanz zum Geschehen und brauchen nicht mehr zwanghaft überverantwortlich zu reagieren. Bei einer Not können sie in einem kurzen Gebet klären: „Herr, ist diese Last für mich? Soll ich sie annehmen, und wenn ja, wie soll ich dafür beten, was soll ich tun? Oder spüre ich nur eine Last, die mich nichts angeht und die ich gleich wieder abgeben kann an dich, damit sie mich nicht weiter beschäftigt?" Für jeden HSL ist es notwendig, diese innere Freiheit zu erlangen. Bücher, die dazu anleiten, Grenzen zu setzen und ohne Schuldgefühle Nein zu sagen, können das gut unterstützen. Auch dabei ist das Training durch eine andere Person sehr hilfreich.

Welchen „Stempel" tragen Sie?

Im Laufe des Lebens begegnen vielen hochsensiblen Lastenträgern Unverständnis und sogar Spott. Manchmal drückt man ihnen bestimmte Stempel oder Etiketten auf. Eher harmlose Bezeichnungen sind: „Heulsuse", „Weichling", „Träumer", „Streber". Negative Kräfte entwickeln Aussagen und Bezeichnungen, die man selber glaubt, wie zum Beispiel: „Ich bin das schwarze Schaf", „Immer werde ich verkannt", „Immer bin ich schuldig", „Nie genüge ich", „Ich passe nicht in dieses Leben", „Ich muss es allen recht machen". Diese Aussagen können sich in das Denken und in die Seele einbrennen und werden damit zu destruktiven Haltungen, die das Selbstbild bestimmen. Andere Etiketten werden wohlmeinend von Eltern aufgedrückt, im Sinne eines Lebensauftrages. Dazu gehören Aussagen wie: „Du bist mein Sonnenschein", „Du bist meine große Stütze", „Du wirst die Ehre der Familie retten", „Wenn ich dich nicht hätte, dann …". Entspringen diese Aufträge einer schweren Lebenssituation der Eltern, können sie einen Menschen auf ein ganz bestimmtes Lebensprogramm festlegen. HSL können sich gegen solche Lebensaufträge kaum wehren, weil sie den Schmerz dahinter spüren und die große Erwartung an sie, die ihnen in gewisser Weise auch schmeichelt. Aber im Laufe des Lebens werden sie zunehmend unter der Last dieser Aufträge leiden und sich dagegen zu wehren suchen, weil sie spüren, dass dadurch die Entwicklung der eigenen Identität und Persönlichkeit behindert wird.

Wenn Sie solch einen Stempel oder ein Etikett erhalten oder eine Lebensbotschaft verinnerlicht haben, ist es notwendig, das abzulegen und Gottes Wahrheit über sich selbst anzunehmen. Gott denkt anders über Sie, er kennt Sie und hat gute Pläne, die auf Ihr Leben zugeschnitten sind, aber können Sie das glauben? Wir haben es als sehr effektiv erlebt, wenn sich jemand von diesen Etiketten oder Lebensaufträgen im Namen Jesu löste. Es gab eine neue Freiheit, in die Bestimmung Gottes für das eigene Leben hineinzuwachsen. Im Gebetsteil finden Sie dazu eine Anregung, wie Sie das formulieren können.

Die Gabe loslassen

In 1. Korinther 14,32 heißt es: „Die prophetischen Geister sind den Propheten untertan." Aber nicht nur bei der prophetischen Gabe gilt: Eine Gabe darf nie den Gabenträger im Griff haben und bestimmen, sondern ein Gabenträger soll über seine Gabe herrschen. Damit eine Person nicht von ihrer Gabe gegängelt wird, ist es für viele Christen ein befreiender Akt, ihre Gabe, welche es auch immer sein mag, „an Gott zurückzugeben". Das Vorbild dafür ist Abraham, der bereit war, seinen Sohn Isaak, das wunderbare Gnadengeschenk Gottes, Gott wieder zu opfern. Um zu beweisen, dass er bereit war, ihn ganz in Gottes Hände loszulassen, legte er Isaak auf einen Altar, um ihn zu opfern. Aber Gott griff ein und Abraham erhielt seinen Sohn zurück. Ich denke, nach dieser Erfahrung war die Beziehung zu seinem Sohn und zu Gott verändert. Eine neue Ehrfurcht vor Gott war entstanden und das Bewusstsein, dass Gott der Herr ist auch über das, was er bereits geschenkt hat. Gottes Gaben sind uns anvertraut, aber wir besitzen sie nicht. Eine Gabe, auch wenn sie von Gott kommt, darf nicht unser Leben bestimmen! Wir gehören allein Gott und sind ihm gegenüber Rechenschaft schuldig. Was bedeutet das nun für unsere Gaben? Es bedeutet, dass wir jede Gabe, nicht nur das Lastentragen, auf den Altar Gottes legen und sie damit neu oder erstmalig unter die Herrschaft Gottes bringen. Als „Besitzer" der Gabe treten wir zurück und lassen sie ganz los. Das geschieht durch eine klare Willensbekundung. Wie Sie das konkret formulieren können, finden Sie im Gebetsteil. Durch diesen Akt ist es so, dass man bewusst einen Schnitt macht und sich trennt von dem bisherigen (falschen) Umgang mit der Gabe und sich weigert, die Gabe weiterhin wie gewohnt zu gebrauchen oder sich von ihr bestimmen zu lassen. Es ist ein Einschnitt, der hilft, eingeschliffene Verhaltensmuster zu verlassen, Abstand zu gewinnen und sich neu zu orientieren. Erst kürzlich kam eine Frau auf mich zu und berichtete mir von ihrer Erfahrung mit diesem Gebet:

> Nach dem Kassettenvortrag von den Sandfords und dem anschließenden Gebet, in dem ich Gott die Gabe des Lastentragens unterstellte, hatte ich den Eindruck, als wenn Gott in dem Augenblick mein geistliches Sichtfeld eingrenzte. Rechts und links schoben sich undurchsichtige Trennwände heran und schränkten meinen „Panoramablick" ein. Das war für mich ein recht ungewöhnliches Gefühl. Es war, als hätte ich zugelassen, beraubt zu werden. Aber meine innere Freiheit ist seitdem merklich größer geworden. Weil mein zu weites Sichtfeld verengt wurde, nehme ich jetzt nur noch bestimmte Teile des Ganzen wahr. Darum fühle ich mich von meinen Eindrücken nicht mehr so erschlagen, sondern nehme sie gelassener wahr und kann dann bei Gott nachfragen, worauf ich wirklich achten soll und wofür ich zuständig bin und wofür nicht.

Die innere Verwirrung lösen

Spürbare Erleichterung brachte mir damals bei der eingangs erwähnten Autofahrt neben der Information über die Gabe das Gebet, in dem es darum ging, die Gabe Gott zu unterstellen und bestimmte Funktionen von Geist und Seele zu entwirren. Es mag befremdlich klingen, aber das Gebet hat tief in meinem Inneren etwas geklärt und verändert. Seitdem hören wir immer wieder, dass HSL durch dieses Gebet eine Veränderung erleben. Nachdem wir im Seminar das Thema „Lastentragen" erarbeitet und miteinander gebetet hatten, teilte mir eine Frau einige Wochen später dies mit:

> Ich erlebe nach dem Gebet, dass ich Eindrücke, die ich bisher nebenbei aufsaugte, nun bewusster wahrnehme. Zum Beispiel wurde mir neulich auf dem Heimweg von unserem Frauenge-

sprächskreis klar, dass ich alle meine Wahrnehmungen über die Frauen innerlich gespeichert hatte und sie nun in meiner Seele bewegte. Es war mir dann eine Entlastung, jede Frau im Gebet zu Jesus zu bringen. Ich habe auch festgestellt, dass es am besten für mich ist, wenn ich in diesen Situationen noch eine Weile in Sprachen bete und so auch die unbewussten Lasten abgebe. Ich bemühe mich heute, im Dauerkontakt mit Jesus zu bleiben und alle Lasten sofort zu ihm zu bringen. Das gelingt mir unterschiedlich gut.

Jetzt verstehe ich auch, warum ich manchmal so plötzlich erschöpft bin. Durch das Gebet bin ich nicht unbedingt belastungsfähiger geworden. Ein Dauerprogramm schaffe ich nur maximal vier Tage hintereinander. Meist fühle Ich mich schon donnerstags reif fürs Wochenende. Ich muss dazu stehen, dass ich einfach nicht so lange durchhalten kann wie manche „Powermenschen" in meiner Umgebung. Ich brauche meine regelmäßigen Ruhezeiten, wo ich ungestört bin. Am besten kann ich abschalten, wenn ich ein gutes Buch lese.

Was ich noch positiv zu vermerken habe: Seit dem Entlastungsgebet und der Bitte um Entwirrung der Funktionen von Geist und Seele kann ich viel besser entspannen. Mittags kann ich tatsächlich abschalten und eine halbe Stunde lang schlafen. Dies war in den letzten Monaten schier unmöglich. Ich weiß noch nicht, ob dies von Dauer sein wird, aber erst einmal erkenne ich es als Gottes Handeln in meinem Leben.

Was geschieht bei diesen Gebeten? Dazu möchten wir einige Hintergrundinformation geben. John Sandford sieht es sinngemäß so: Lasten anderer wahrzunehmen, sie zu tragen und dafür zu beten ist eine Aufgabe unseres persönlichen Geistes, der vereint mit dem Heiligen Geist die Nöte der Menschen vor Gottes Thron bringt. Unser Gefühl, unser Denken und Wollen sollten davon weitgehend unbeeinträchtigt bleiben. Diese letzten Funktionen werden im Allgemeinen als Eigenschaften der Seele gesehen. Bei einem HSL sind aufgrund seiner Lebensgeschichte die Wahrnehmung im Geist und die Reaktion der Seele auf etwas unselige Weise miteinander verstrickt.

Die enge Verknüpfung von Wahrnehmung, Körperreaktionen, Gefühl, Entscheidungen und Handlungen sind uns aus anderen

Zusammenhängen bekannt: Stellen Sie sich zum Beispiel vor, ein Kind reißt sich plötzlich von der Hand seiner Mutter los und läuft Ihnen vors Auto. Obwohl Sie mit aller Macht bremsen, fahren Sie es an. Ihr Herz rast, Schweißperlen stehen auf Ihrer Stirn und Sie zittern. Wie werden Sie als sensibler Autofahrer nach dieser Erfahrung zukünftig reagieren, wenn ein Kind am Straßenrand auftaucht? – Wahrscheinlich werden Sie spontan langsamer fahren und sogar abbremsen und ähnliche Gefühle und Körperreaktionen zeigen wie bei dem Unfall: Herzrasen, Schweiß, Zittern, Angst. Allein die Wahrnehmung des Kindes, und dass Gefahr drohen könnte, löst den inneren Alarm aus. Durch den Schock des Unfalls wurde Ihre Wahrnehmung mit Angst, Körperreaktionen und Ihrer Entscheidung zu bremsen so verknüpft, dass Ihre Bremsreaktion automatisch erfolgt. Dies wird sich zum Glück nach einiger Zeit wieder verlieren. Aber wie würde Ihre Reaktion sein, wenn Sie solch einen Unfall öfter hätten?

Was ist nun bei uns HSL geschehen? In der Kindheit „kollidierten" wir immer wieder ungeschützt im Geist mit den Lasten und inneren Schmerzen der Menschen. Das war so stark, dass unsere Gefühle, unser Denken und unser Körper auf eine bestimmte Weise mit einbezogen wurden. So entwickelten wir die Reaktionsmuster, mit denen wir auch heute automatisch auf Lasten reagieren, egal, ob das sinnvoll ist oder nicht. Immer wieder springt unser innerer Motor an, um zu lösen und zu erlösen. Wir fühlen uns gedrängt, einzugreifen und etwas zu unternehmen, auch wenn es nicht unsere Aufgabe ist. In diesem Muster bleiben wir gefangen, es sei denn, es wird bewusst durchbrochen.

Es ist Gottes Wunsch und Ziel, dass wir Christen frei werden und zur Ruhe kommen von unseren seelischen Aktivitäten. Wir können und brauchen der Erlösung durch Jesus nichts hinzufügen! In Kapitel 3 und 4 des Hebräerbriefes wird beschrieben, wie mühsam es für Christen ist, dies zu glauben und das Leben von der Ruhe Gottes bestimmen zu lassen. In Kapitel 4,9–12 spricht der Schreiber sogar von einer notwendigen Scheidung von Geist und Seele, damit dies gelingen kann: „Es ist also noch eine Ruhe vorhanden für das Volk Gottes. Denn wer zu Gottes Ruhe gekommen ist, der ruht auch von seinen Werken so wie Gott von den seinen. So lasst uns nun bemüht sein, zu dieser Ruhe zu kommen, damit nicht jemand zu Fall komme durch den gleichen Ungehorsam. Denn das Wort Gottes ist lebendig und kräftig und schärfer als jedes zweischneidige Schwert und dringt durch, bis es scheidet Seele und Geist, auch Mark und Bein, und ist ein Richter der Gedanken und Sinne des Herzens."

Damit wir innerlich zur Ruhe kommen können, muss also eine Trennung oder Unterscheidung geschehen zwischen seelischer und geistlicher Wahrnehmung und Gesinnung. Da wir Geist und Seele nicht voneinander trennen können, müssen wir diese Aussage so verstehen, dass unterschiedliche Funktionen von Geist und Seele getrennt oder besser: entwirrt werden müssen. Nicht die Seele, nicht vertraute Gewohnheiten des Fühlens, Denkens und Wollens, soll unser Leben bestimmen, sondern unser Geist, erneuert und inspiriert von Gottes Geist. Was lesen wir in Römer 8,13–16: „Denn wenn ihr nach dem Fleisch [den alten Wünschen und Reaktionen der Seele] lebt, so werdet ihr sterben müssen; wenn ihr aber durch den Geist die Taten des Fleisches tötet, so werdet ihr leben. Denn welche der Geist Gottes treibt, die sind Gottes Kinder [...] Der Geist selbst gibt Zeugnis unserm Geist, dass wir Gottes Kinder sind." Es gibt diese Freiheit, vor einer Aktion mit Hilfe des Geistes Gottes zu prüfen, ob und wie man reagieren soll. Für HSL bedeutet das, die alten vertrauten Reaktionsmuster im Licht Gottes neu zu besehen. Was sagt Gott dazu? Können sie vor ihm bestehen? Wie kann die Scheidung von Geist und Seele aussehen? Was sind die Folgen für unser Leben?

Viele HSL haben es bereits erlebt: Es gibt eine große Entspannung im Leben, wenn sie, von alten Lebensmustern befreit, in ihrem Geist eine Last wahrnehmen können, ohne sofort durch Gefühle und Gedanken (der Seele) zu bestimmten Aktionen gedrängt zu werden. Gottes Absicht ist es, dass HSL im Geist Lasten tragen, dass aber ihr Denken und Fühlen davon nicht beeinträchtigt wird. Wir erlebten dies eindrücklich bei John Sandford, als wir ihn fragten, wie das zugehen kann. Während er mit uns fröhlich spielte und redete, gestand er uns, dass er zur gleichen Zeit in seinem Geist seufzte und klagte und betete, weil er eine schwere Last vor Gott bewegte.

Hilfreiche Gebete

Sie werden sich vielleicht fragen, ob man diese inneren Verwirrungen und die verkehrten Denk- und Lebensmuster einfach „wegbeten" kann. Mit Sicherheit nicht. Aber wenn wir uns im Gebet ernsthaft an Gott wenden, ist das ein entscheidender Schritt heraus aus den alten Mustern und hinein in ein neues Wahrnehmen, Denken und Empfinden. Viele Rückmeldungen hochsensibler Lastenträger bestätigen uns dies. Gott ist gut und er hilft uns gerne, zu einem entspannten Leben zu kommen und die Erlösung durch Jesus tiefer zu erfahren. Wir sollten die Macht des Gebetes nicht unterschätzen. Aber die Gebete ersetzen nicht den Prozess der Seelsorge und inneren Heilung. Sie unterstützen jedoch den Heilungsprozess, und begleitet von diesen Gebeten fällt das notwendige Training im Alltag leichter.

Ich möchte Sie nun dazu einladen, im Gebet bewusste Schritte zu gehen. Lesen Sie das folgende Gebet zunächst durch, damit Sie mit dem Inhalt vertraut werden. Danach sprechen Sie es laut und von ganzem Herzen. Machen Sie zwischen den einzelnen Aussagen Pausen und vollziehen Sie das Gesagte innerlich nach. Vielleicht wiederholen Sie das Gebet ab und zu, um es zu vertiefen. Vielleicht finden Sie jemanden, der das zweite Gebet segnend über Ihnen ausspricht. Das hat sich für viele als sehr hilfreich erwiesen.

Gebet eines verwundeten Lastenträgers

Herr, ich danke dir, dass du uns mit deinen Gaben ausrüstest. Ich weiß, dass wir alle diese unterschiedlichen Gaben brauchen, um dir dienen zu können. Aber diese Gaben sollen durch deinen Heiligen Geist geleitet werden und nicht durch unser eigenes Können und in unserer eigenen Kraft.

Darum, Herr, lege ich die Gabe des Lastentragens nun wieder auf deinen Altar und gebe dir die Fähigkeit zurück, Dinge über Menschen zu sehen, zu hören, zu fühlen und zu wissen. Herr, ich möchte nur das sehen, was du mich sehen lassen willst, ich möchte nur das hören, was du für meine Ohren bestimmt hast, und ich möchte nur das spüren und wissen, was dein Heiliger Geist mir offenbart. Vergib mir, dass ich so lange in eigener Kraft Lasten von Menschen auf mich genommen habe und ihr Retter sein wollte. Von nun an will ich dir vertrauen, dass du dich um sie kümmerst, denn du allein bist ihr Retter.

Befreie mich von all meinen selbst entwickelten seelischen Fähigkeiten, und reinige mich von jeder Verunreinigung, die durch den Gebrauch dieser unerlösten Gabe in mein Leben kam. (Geben Sie ihm, was Ihnen jetzt dazu einfällt.)

Entwirre nun in mir die Wahrnehmungen meines Geistes von den Reaktionen meiner Seele, damit ich so fühlen und denken kann, wie du es willst. Im Geist will ich gerne die Lasten tragen, die du mir auferlegst, aber meine Gefühle und mein Denken sollen davon frei und unbeeinflusst sein.

Vater, in deinem Namen lege ich jetzt auch all die Bezeichnungen (Etiketten) ab, die mir von anderen aufgedrückt wurden und die ich mir selbst gegeben habe. In Jesu Namen löse mich von dem Begriff/dem Lebensauftrag, dass Ich _____ bin/ sein soll. Vergib mir, wo ich mich selbst mit diesen negativen Begriffen oder Lebensaufträgen identifiziert habe. Jesus, ich hefte sie jetzt an dein Kreuz und empfange von dir eine neue Identität und meine wahre Bestimmung. Ich darf und will die Person sein, die du geschaffen hast. (Hören Sie jetzt, ob Jesus Ihnen etwas zuspricht.)

Ich bitte dich, dass du dich vor mich stellst und mich schützt, sodass Schmerz und Kummer der Menschen, mit denen ich zu tun habe, immer zuerst zu dir kommen. Herr, ich will immer nur so viel fühlen und tragen, wie ich tragen kann, und nur so lange, bis ich weiß, wie ich für diese Menschen oder Situationen beten kann. Amen.

Gebet für einen Lastenträger

Herr, ich bringe _____ zu dir, weil er/sie deinem Ruf gefolgt ist und Menschen in seinem/ihrem Herzen getragen und für sie gebetet hat, aber irgendwo auf dem Wege durch die Last des Schmerzes und der Schuld der anderen niedergedrückt wurde und vergaß, dass dein Joch und deine Last leicht sind.

Herr, wir bringen die Gabe des Lastentragens jetzt an dein Kreuz. Nimm sie wieder an, sodass _____ nicht mehr von der Gabe kontrolliert wird. Nimm du diese Gabe jetzt unter deine Kontrolle. Entwirf in _____ die Wahrnehmungen des Geistes von den Reaktionen der Seele durch Gefühle und Gedanken, damit _____ in Freiheit zu deiner Ehre leben kann, so wie du es von Anfang an vorgesehen hattest.

_____ hat versucht mehr zu tragen, als es von dir beabsichtigt war. Dadurch wurde er/sie ständig schwächer und frustrierter.

Das Lastentragen wurde schmerzvoll. Wir bitten dich nun, die
verletzten Stellen anzurühren und zu heilen und _____ zu
trösten. Nimm _____ in deine Arme, damit er/sie sich endlich
einmal ausruhen kann.

Vater, in deinem Namen löse ich _____ von allen Etiketten
und Aufträgen, die _____ in seinem/ihrem Leben gegeben
wurden, und zerstöre deren Macht. _____ ist als dein Kind
bedingungslos angenommen und geliebt. Jesus führe _____
in seine/ihre wahre Bestimmung. Er/Sie soll ganz die Person
werden, die du geschaffen hast.

Amen.

Heute kann ich Lasten wahrnehmen, aber meine Gefühle und
mein Denken werden dadurch nicht mehr oder nur noch wenig
beeinflusst. Ich schütze mich auch bewusst vor Situationen, wo
meine Gabe aktiviert werden könnte, ohne dass es Sinn macht.
Bevor ich zum Einkaufen in die Stadt gehe, bete ich oft: „Jesus,
ich will nicht all die Lasten dieser Menschen sehen und sie schon
gar nicht auf mich nehmen. Ich stelle meine ganze Wahrnehmung
unter deine Herrschaft. Verschließe meine Augen für die Not der
Menschen. Lass mich nur das sehen und wahrnehmen, was von
dir ist, und schütze mich vor allem anderen." Dann kann ich recht
entspannt einkaufen, die Zeit genießen und das Schöne sehen, das
Gott in dieser Welt für mich bereitet hat.

Zum Heilungs- und Wiederherstellungsprozess gehört auch, dass
wir uns immer wieder befreien von alten und falschen Lasten, die
wir unbewusst tragen. Nur so können wir ein Unterscheidungsvermögen entwickeln zwischen den alten und den aktuellen Lasten,
die wir im Gebet zu Gott bringen sollen. Zur Veranschaulichung
dafür geben wir hier eine Erfahrung unserer Tochter weiter, die als
Ergotherapeutin und Verhaltenstrainerin arbeitet. Jeden Tag wird
sie mit den Nöten von Kindern und Familien konfrontiert. Ihre
Arbeit macht ihr sehr viel Freude, aber abends war sie oft ziemlich
erschöpft, wie es typisch ist für hochsensible Lastenträger.

In einem längeren Prozess wurde mir deutlich, dass ich zu
sehr die Lasten meiner Patienten trug und davon auch nach
Feierabend nicht frei war. Meine Eltern hatten mir zwar erklärt,

wie man die Lasten von Menschen im Gebet abgibt, aber ich wusste nicht genau, wann und wie ich es machen sollte. Der Gedanke war neu und ungewohnt für mich.

Eines Abends hatte ich das Bedürfnis, einen Jesusfilm anzusehen. Danach war ich sehr berührt von Gottes Geist und begann zu beten. Ich lud Jesus in meine Situation ein und bat ihn, bei mir noch mehr „aufzuräumen" und mich „frei" zu machen. Plötzlich hatte ich den Eindruck, als ob er direkt auf mich zukäme und sich „in mich hinein" setzte. Nach einer Weile griff ich nach meiner Wochenplan-Telefonliste und begann, für jeden einzelnen Patienten zu beten. Die ganze Last und alles, was mich in Bezug auf diese Person beschäftigte, gab ich im Gebet an Jesus ab. Das war so mühsam, dass ich manchmal die Namen kaum aussprechen konnte. Oder ich konnte nur noch weinen und musste mich überwinden, die ersten Worte auszusprechen, damit Entlastung kommen konnte. Und dann war es mal wieder so anstrengend, dass ich richtig schwer atmete, gähnte und verschnaufen musste. Ich spürte regelrecht, wie Jesus jede einzelne Last nahm, sie hinter das Kreuz trug, um sie zu entfernen, nach dem Motto: So weit der Osten vom Westen entfernt ist, so weit sollen eure Übertretungen von euch entfernt sein.

Als ich schließlich alle Patienten durchgebetet hatte, war ich so erschöpft, dass ich kaum Kraft hatte aufzustehen. Ich musste langsam und tief atmen, und beim Gehen war ich wackelig auf den Beinen. Da ich so etwas noch nie zuvor erlebt hatte, war ich sehr erstaunt und entsetzt über diese körperlichen Auswirkungen. Als ich dann langsam wieder zu Kräften kam, konnte ich nichts anderes tun, als Gott von Herzen anzubeten. Die Freude, die ich danach empfand, der Lobpreis und das Freiheitsgefühl, das Gott mir schenkte, waren überwältigend!

Seither bete ich fast jeden Tag auf der Hin- und Rückfahrt für meine Patienten und Arbeitskolleginnen und stelle mich bewusst unter Gottes Schutz. Ich danke Jesus, dass ich die Lasten nicht tragen muss, sondern dass er alles trägt. Ich muss nicht mehr alle Patienten durchbeten. Wenn mir im Gebet Tränen kommen, weiß ich heute, dass mich dieses eine Kind und seine Situation zur Zeit stärker belastet.

Um eine Last loszuwerden, bete ich etwa so:

„Herr, ich bringe dir jetzt _____. Vater, du siehst ihre ganze Geschichte und was sie alles schon durchgemacht hat (evtl. aufzählen), und du siehst auch, dass ich das alles unbewusst auf mich genommen habe. Vater, ich bitte dich um Vergebung, wo ich wieder falsche Verantwortung genommen habe und mich nicht unter deinen Schutz gestellt und dich nicht rangelassen habe. In Jesu Namen löse ich mich jetzt von _____ und aller ihrer Last! Ich bitte dich, Herr, dass du sie und alles, was sie betrifft, jetzt nimmst. Ich danke dir, dass du das trägst, dass du dich kümmerst und sorgst und dass ich nicht dafür verantwortlich bin! Ich danke dir, dass du dafür gestorben bist und dass du alle Verantwortung genommen hast, und ich bitte dich, dass du mich jetzt davon frei machst – in Jesu Namen, amen."

Das folgende Gebet spreche ich seit einiger Zeit auf meiner Fahrt zur Arbeitsstelle. Ich merke deutlich, dass seitdem meine Seele entspannter ist.

„Jesus, ich bringe meine Gabe der Hochsensibilität und des Lastentragens heute wieder neu zum Tod ans Kreuz. Ich gebe sie dir, nimm sie und bestimme du über diese Gabe. Du hast die Kontrolle und nicht ich. Schütze mich, damit nur das zu mir durchdringt, was zu mir durchdringen soll. Ich will nur das wahrnehmen, was ich tragen kann. Leite mich durch deinen Geist, zu erkennen, wie ich dann beten und in Weisheit reagieren soll.

In Jesu Namen löse ich mich von jeder falschen Verantwortung und weise alle Lasten zurück, die sich mir einfach aufladen wollen. Ich danke dir, Herr, dass ich nicht verantwortlich bin für die Lasten von _____ (ich zähle hier alle Namen von Menschen auf, von denen ich weiß, dass sie mich besonders belasten). Herr Jesus, ich segne sie jetzt in deinem Namen. Ich danke dir, Vater, dass ich das nicht tragen muss, sondern dass du sie alle trägst und hältst – in Jesu Namen, amen."

Diesen zweiten Teil bete ich vor allem nach der Arbeit, damit ich nicht die Last meiner Patienten mitnehme nach Hause.

Bitte verstehen Sie diese Gebete nicht als Formeln, sondern als Anregung, wie Sie Dinge konkret nennen und loslassen können.

Kapitel 5

Als hochsensibler Lastenträger den Alltag bewältigen

Die Gabe kennen und annehmen, die Vergangenheit neu bewerten, Heilung für die verletzenden Erfahrungen der Kindheit, entlastende Gebete sprechen – all das ist für Lastenträger notwendig, um ein neues Lebensfundament und eine neue Lebensperspektive zu erhalten. Aber es reicht nicht aus, um den Alltag mit seinen vielen Herausforderungen zu bewältigen. Dazu gehört auch ein gewisses Maß an Wachsamkeit und Disziplin, um nicht immer wieder emotional oder körperlich einzubrechen.

Disziplin und Veränderungen des Lebensstils

Wie bereits gesagt, ist das Grundproblem der HSL, dass sie sich unbewusst Gefühle und Lasten der Menschen in ihrem Umfeld aufladen. Manchmal saugen sie sie auf wie ein trockener Schwamm das Wasser und werden es erst gewahr, wenn es ihnen mal wieder zu viel geworden ist. Dies wird gefördert durch eine frühkindliche Entscheidung, Retter sein zu wollen. HSL haben Probleme, Nein zu sagen, und lassen sich leider immer wieder in Sachen verwickeln, die sie eigentlich nichts angehen. Solche Lebensmuster verlieren sich nicht von heute auf morgen, man muss auch einen vernünftigen Lebensstil entwickeln und pflegen, um emotional gesund zu werden und fröhlich zu bleiben. Um sich zu schützen und die Lebensfreude zu erhalten, ist für HSL eine gewisse Disziplin unbedingt nötig. Am meisten müssen sie lernen, innerlich zur Ruhe zu kommen, das Leben zu genießen und sich immer wieder zu entlasten.

Hochsensible Lastenträger benötigen regelmäßige Erholungszeiten und ausreichenden Schlaf. Vor allem emotional anstrengende
Tage oder zu viele neue Situationen oder Herausforderungen in
schneller Reihenfolge machen sie krank. Da ist bei mir z. B. die
Herausforderung unserer Seminararbeit. Wenn ein Seminar vorbei
ist, benötige ich eine gewisse Zeit, es emotional zu verarbeiten. Steht
der nächste Vortrag oder das nächste Seminar zu schnell an, muss
ich schon wieder „hochdrehen", bevor ich ganz „runtergekommen"
bin. Dieser Lebensstil plus unerwarteter Stress führte bei mir vor
einigen Jahren zu einer völligen Erschöpfung mit heftigen Nacken-
und Rückenproblemen.

Wenn Sie HSL sind, schaffen Sie sich unbedingt einen Ort der
Geborgenheit, wohin Sie sich kurzfristig zurückziehen können.
Wenn es mir zu viel wird, klinke ich mich aus, lege mich aufs Bett
und schließe einfach die Augen. Manchmal brauche ich dann eine
Zeit absoluter Stille, ein anderes Mal hilft mir ein Kinderfilm oder
die Lektüre eines entspannenden Romans. Meine Vorliebe gilt dabei, wie gesagt, solchen Krimis, in denen am Ende der Böse seiner
gerechten Strafe zugeführt wird. Das Eintauchen in eine andere,
fiktive Welt hilft mir sehr, emotionale Kraft zu schöpfen. Schon als
Kind hatte ich einen persönlichen stillen Zufluchtsort: unser kleiner
Heuboden über dem Stall. Um dem Familienstress zu entfliehen,
verschwand ich manchmal stundenlang dorthin, kuschelte mich ins
Heu, spielte dort mit den Katzen oder las ein Buch. Wenn nach mir
gerufen wurde, antwortete ich einfach nicht; ich war abgetaucht,
und das brauchte ich!

Auch Spaziergänge im Grünen, am liebsten im Wald, oder leichte
Gartenarbeit sind für mich Möglichkeiten zur effektiven emotionalen und körperlichen Regeneration. Dabei kann ich abschalten,
und wenn ich die Natur sehe oder Erde zwischen meinen Fingern
spüre, werde auch ich wieder „geerdet" und meine Lebenslast wird
leichter oder fällt ganz von mir ab. Ich liebe auch die fröhlichen
Spielabende mit Freunden, bei denen wir Wein trinken, etwas essen und Karten- oder Würfelspiele machen. Wir haben eine etwas
verrückte Art entwickelt, UNO zu spielen. Das ist spannend, und
wir lachen viel, es ist genau die richtige Mischung für mich, um

emotionale Lasten zu vergessen und den Alltag loszulassen. Damit das wirklich gelingt, beschlossen wir, bei diesen Treffen alle schwierigen Themen auszuklammern. Wir kommen zusammen, um Spaß zu haben, und nicht, um wieder Probleme zu wälzen. Ich habe gemerkt: Wenn wir dieses Abkommen mal nicht einhalten, ist solch ein Abend nicht so entspannend. Wenn ich meine Auszeiten nicht einhalte, dann spüre ich die Konsequenzen sehr bald durch körperliche Schmerzen oder Schwäche.

Was ist Ihr „Ort der Geborgenheit", Ihre „emotionale Tankstelle"? Hören Sie gerne Musik, oder malen Sie gern? Welches Hobby gibt Ihnen Entspannung? Treiben Sie gerne Sport, oder lesen Sie lieber? Wichtig ist, dass Sie bei diesen Tätigkeiten innerlich zur Ruhe kommen, im Geist entspannen und Ihre Seele emotional auftanken.

Mein Rat für jeden Lastenträger lautet: Suchen Sie sich ein Hobby oder eine Beschäftigung, die Seele und Geist erfrischt. Tun Sie etwas für sich ganz persönlich, gönnen Sie sich etwas! Und tun Sie es regelmäßig, laden Sie Ihre emotionalen Batterien nicht zu spät auf! Sonst versündigen Sie sich an sich selbst. Sie brauchen diese Auszeiten einfach mehr und regelmäßiger als andere Menschen. Stehen Sie dazu, dass Sie kein so hohes Leistungsniveau oder Lebenstempo haben wie andere. Jesus war auch ein hochsensibler Lastenträger, und wir lesen öfter, dass er sich vom Volk und sogar von seinen Jüngern zurückzog, um eine Weile allein zu sein und zu beten. Wenn Jesus solche „Tankstellen" nötig hatte, wie viel mehr wir!

Mir hilft es auch, wenn ich mich bewusst auf die Situationen einstelle, von denen ich weiß, dass darin meine Hochsensibilität bzw. das Lastentragen „anspringt". So vorbereitet, bin ich gewappnet und kann mit der Situation entspannter umgehen. Es kostet mich nicht so viel Kraft, und ich kann manche Herausforderung dann sogar genießen. Für mich trifft das bei vielen Seminaren zu, besonders bei neuen Seminarthemen. Wenn ich mit meinem Mann das Seminar oder die neue Situation durchspreche und dafür bete oder wenn er mich für den Dienst segnet, kann ich innerlich gestärkt und zuversichtlich darauf zugehen.

Nach manchen Diensten oder nach einem Seelsorgegespräch ist es nötig, dass ich mich bewusst „entlaste". In dem Beitrag unserer Tochter wird deutlich, wie das aussehen kann. Erst wenn ich im Gebet loslasse und die Menschen und ihre Lasten abgebe an Jesus, werde ich wieder frei für die Gegenwart. Zumindest beschleunigt solch ein Gebet den Prozess, in dem ich das Erlebte verarbeite und alle Verantwortung loslasse. Mittlerweile bin ich recht gut darin geübt, Vergangenes hinter mir zu lassen. Besonders nach unseren Seelsorgeseminaren vollziehen wir Mitarbeiter in der Abschlussrunde solch eine „Reinigung" gemeinsam. Das ist nötig, weil die Ratsuchenden während des Seminars uns ihre tiefsten Nöte offenbart und sich auch seelisch an uns gehängt haben. Wir sind miteinander eine emotionale Bindung eingegangen, wir waren wie Vater oder Mutter für sie. Sie haben nicht nur von Gott empfangen, sondern auch von uns Mitarbeitern seelische Kraft genommen. Es erinnert mich an die Begegnung Jesu mit der Frau, die zwölf Jahre an Blutungen gelitten hatte. Als sie Jesus voller Glauben berührte, spürte er, dass Kraft von ihm genommen wurde. Bedürftige Menschen gehen mit anderen, von denen sie Hilfe erhoffen, seelische Bindungen ein und tanken bei ihnen auf. Meist läuft das unbewusst ab. Wir Mitarbeiter öffnen uns für diese Bindungen mit den Ratsuchenden durch unser Zuhören, unsere ganze Zuwendung, unser Mitweinen und Mitlachen. Darum lösen wir uns nach einer Beratung von allen Lasten, die wir gerade gehört und mitgetragen haben, und geben sie ab an Jesus. Am Ende des Seminars lösen wir uns, manchmal namentlich, von den Personen, denen wir gedient haben. Wir lassen sie innerlich los und befehlen sie noch einmal Jesus an. Er ist ihr Retter und Begleiter. So können wir selbst befreit und entspannt nach Hause fahren und uns über das freuen, was Gott im Seminar getan hat.

Sich innerlich abgrenzen

HSL neigen dazu, sich ständig schuldig oder schlecht zu fühlen. Für Schwächen und Fehler der anderen, besonders die des Ehepartners oder der Kinder, fühlen sie sich verantwortlich. Damit sie nicht ständig überverantwortlich reagieren und sich seelisch verausgaben oder andere bedrängen und bevormunden, müssen sie unbedingt lernen zu erkennen, wo die Grenze ihrer eigenen Verantwortung liegt und wo andere selbst Verantwortung für ihr Leben tragen. Es ist hilfreich, sich selbst (dem inneren Kind) laut zuzusprechen: „Das ist jetzt nicht mein Problem, dafür ist der andere selbst verantwortlich, ich kümmere mich nicht darum! Der andere muss jetzt aus eigenen Fehlern lernen."

Manche geben einem HSL den Rat, auf bestimmte Gefühle einfach nicht zu achten, sie wegzustecken und fröhlich weiterzuleben. Das mag bei ihnen selbst funktionieren, aber Hochsensible sind ihren Gefühlen einfach ausgeliefert. Das Unterdrücken ihrer Wahrnehmungen und Emotionen ist ihrer seelischen und körperlichen Gesundheit nicht förderlich. Wenn sie ihre Gefühle nicht aussprechen können oder wollen, sammeln sie den Schmerz an und verletzen und belasten ihre Seele dadurch weiter. HSL müssen über das sprechen können, was sie wahrnehmen und empfinden. Dazu brauchen sie jedoch jemanden, der sie versteht und ihnen zuhört, ohne sie zu belehren oder zu verurteilen, und ihnen hilft, ihre Wahrnehmungen zu ordnen, und mit ihnen betet, um die Seele zu entlasten.

Ehepartner und enge Freunde eines Lastenträgers sollten darum wissen, was diese Gabe bedeutet und wie sie sich im Leben auswirkt. Dann können sie mit Verständnis und Schutz reagieren statt mit Unverständnis, Ablehnung und wenig hilfreichen Ratschlägen. So fühlt sich der HSL angenommen, geliebt und unterstützt, und das erleichtert sein Leben. Für seine Seele bedeutet dies Heilung und Wiedergutmachung für viele schmerzhafte Lebenssituationen. Wenn Lastenträger mit ihrer Gabe akzeptiert sind und sich frei fühlen, damit zu dienen, sind sie eine wunderbare Bereicherung im Team. Ihre Wahrnehmung und Lebenssicht gibt den anderen wertvolle Informationen, die bei der Einschätzung von Menschen oder schwierigen Situationen und bei Entscheidungen eine unschätzbare Hilfe sind.

„Gedanken lesen"

Viele Lastenträger nehmen wahr, wie es einem Familienangehörigen oder engen Freund geht, der weit entfernt ist. Als einer unserer Söhne in Brasilien Zivildienst machte, wusste ich oft, wie es ihm dort ging. Wenn ich dann anrief, sagte er: „Du rufst gerade im richtigen Augenblick an."

Ich wusste oft auch, wenn meine Kinder bei einer Klassenarbeit Probleme hatten. Ganz plötzlich spürte ich: Das Kind kommt jetzt nicht weiter, es stockt, es hat Probleme. Dann betete ich sofort und band im Namen Jesu die Panik oder was sonst dran war. Oft bestätigten die Kinder dann: „Ich hatte einen Hänger, aber dann ging es doch weiter." Diese Rückmeldungen waren für mich wichtig, damit ich mit meiner Gabe richtig umzugehen lernte. Karin erlebt es so:

Lange Zeit habe ich mich sehr schuldig gefühlt, weil ich immer wieder negative Gedanken gegenüber Menschen hatte, die ich gar nicht kannte. Immer wieder habe ich vor Gott bekannt, dass ich Leute verurteile und schlecht über sie denke. Durch einen Vortrag über Familienmuster erkannte ich, dass auch mein Vater dieses Problem gehabt hatte. Er hatte oft Dinge über Leute gesagt, die er gar nicht wissen konnte. Ich dachte zunächst, ich müsste von dieser Denkweise frei werden, weil sie Sünde wäre. Doch im Gebet erklärte mir Gott anhand mehrerer Beispiele, dass diese Gedanken keine Sünde sind, sondern dass Menschen wie ich die besondere Gabe haben, Haltungen und Motivationen von anderen zu erspüren.

Einmal nahm ich an einem Lobpreisabend teil. Der Leiter begann zu spielen, und ich dachte sofort: „Der zieht nur eine Show ab – das ist nicht echt!" Ich schämte mich zutiefst für diese Gedanken, bekannte sie vor Gott und bat ihn um Vergebung. Aber Gott sagte zu meinem Herzen: „Du musst dich nicht entschuldigen – ich sehe das auch so!"

Aufgrund ihrer Hochsensibilität erscheint es manchmal so, als könnten HSL Gedanken lesen. Mir geht es oft so, dass ich einen Raum betrete und augenblicklich wahrnehme, wie die Atmosphäre unter den Menschen dort ist. Eine spannungsgeladene Atmosphäre kann mich blockieren, und ich fühle mich dann sehr unwohl in dieser Gruppe. Das hat mir am Anfang meines Dienstes als Referentin sehr zu schaffen gemacht, denn wir kamen oft zu Gruppen, die uns gegenüber zunächst kritisch eingestellt waren.

Als Referentin spüre ich auch heute oft, wo die Zuhörer innerlich stehen, und weiß dann, was ich in diesem Rahmen sagen darf und was ich besser nicht sage. Besonders wenn eine ganze Gruppe die gleichen Überzeugungen, Probleme oder Erwartungen ausstrahlt, kann das eine blockierende oder auch ermutigende Wirkung auf mich haben. Ich nehme Botschaften wahr wie: „Diese Gruppe hat Probleme mit dem Heiligen Geist", oder: „Diese Leute wollen bestimmte Dinge nicht hören" (wie zum Beispiel, dass Pornografie oder Ehebruch Sünde ist), oder: „Diese Leute haben großen Stress untereinander." Wenn ich früher vorne stand und referieren sollte, wusste ich manchmal nicht, wo ich angesichts dieser starken Eindrücke die Kraft und Konzentration hernehmen sollte, um das, was mir auf dem Herzen lag, vorzutragen. Meine Wahrnehmungen verwirrten und blockierten mich gedanklich und emotional. Das alles stürzte mich darüber hinaus in tiefe Unsicherheit, Selbstzweifel und Minderwertigkeitsgefühle, denn nach meinem damaligen Verständnis war bei mir etwas grundverkehrt. Wenn mein Mann dabei war, schickte ich ihn gerne vor. Er war frei von diesen irritierenden Wahrnehmungen und schlug für mich eine Bresche, indem er den ersten Teil des Vortrags übernahm. So hatte ich Zeit, mich zu sammeln und mich mit der Situation vertraut zu machen. In solchen Fällen kam meine hohe Sensibilität meinem Auftrag, Gottes Wahrheit auszusprechen, „in die Quere" und blockierte mich trotz guter Vorbereitung. Mittlerweile habe ich gelernt, wie ich mich in diesen Situationen schützen und in Freiheit das weitergeben kann, was Gott mir aufträgt.

Manchmal hatte ich auch Probleme, entspannt einzukaufen, besonders wenn ich erschöpft oder körperlich angeschlagen war. Oft passierte es mir, dass ich plötzlich wie erstarrt stehen blieb, die Leute anschaute und dachte: „Oh, diese Armen, die haben das und das Problem." Ich spürte genau ihre Lasten und Sorgen. Das konnte für mich so erdrückend sein, dass ich vorzeitig nach Hause zurückkehrte oder dass ich gar nicht erst einkaufen wollte, obwohl es mir eigentlich Spaß macht. Heute nehme ich diese Dinge auch wahr, aber ich bin dem nicht mehr ausgeliefert. Sehe ich beim Einkaufsbummel belastete Menschen, dann spreche ich ein kurzes Gebet für sie, gebe die Last an Jesus ab und gehe weiter.

Als wir vor etlichen Jahren einige Tage bei unserer Tochter in Jerusalem verbrachten, war ich nach einem Gang durch die Jeru-

salemer Altstadt nicht mehr zu bewegen, dort noch einmal hinzu-
gehen. Die geballte Depression der Händler, die mangels Touristen
in großer Existenznot waren, setzte mir zu sehr zu. Erst in Eilat
konnte ich wieder richtig aufatmen. Die Altstadt von Jerusalem ist
für Lastenträger eine große Herausforderung. Am liebsten mag ich
Urlaub an kleineren Orten. Ich kann auch besser entspannen, wenn
ich mit der Umgebung bereits vertraut bin und nicht zu viele neue
Eindrücke zu verarbeiten habe.

Früher verbrachten wir schon einmal einen Kurzurlaub bei
Freunden (mit und ohne Kinder). Das war zwar preiswert, für
mich aber oft belastend. Dirk hatte keine Schwierigkeiten mit den
unvermeidlichen Unannehmlichkeiten und freute sich an der Gemeinschaft, aber ich als HSL fand in solchen beengten Umständen
natürlich keine Entspannung. Obwohl wir willkommen waren,
spürte ich, welche zusätzliche Mühe unser Besuch für die Gastgeber
bedeutete. Dazu legten sich alle anderen Lasten und Spannungen
unsrer Freunde auf mich. Inzwischen tut es Dirk von Herzen leid,
dass er mich damals nicht verstanden hat. Heute lieben wir es, mit
Freunden Urlaub zu machen, wenn jeder einen eigenen Lebensbereich zum Rückzug hat.

Symptome richtig deuten

Hochsensible Lastenträger können lernen, ihre ersten leisen körperlichen Symptome für unbewusste Lasten und für Überforderung
wahrzunehmen und darauf richtig zu reagieren. Solange ein HSL
nicht oder nur wenig innerlich geheilt ist, kann es passieren, dass
er den Schmerz einer Last im ganzen Körper spürt. Es tut überall
weh. Ich kann jedoch sagen: Je mehr ich heil wurde, desto weniger
schmerzte mein Körper. Lastenträger müssen lernen, ihren eigenen
Schmerz von dem der anderen zu unterscheiden, um angemessen
reagieren zu können. Dieser Lernprozess kann länger dauern, vor
allem, wenn man in einem dysfunktionalen Familiensystem
aufgewachsen ist. Es geht schneller, wenn eine andere Person
(Ehepartner, Freund/in) hilft, die Wahrnehmungen zu entwirren.
Diese Geschichte einer Freundin macht deutlich, wie Symptome
aussehen können:

Meine Gemeindebeziehung ist zur Zeit etwas angespannt. Als ich gestern zum Gottesdienst ging, stellte ich mich bewusst unter den Schutz Jesu und bat ihn, mich „blind und taub" zu machen für alle möglichen Eindrücke und mich nur das sehen und hören zu lassen, was Gott möchte. Froh und munter zog ich dann los. Schon in der Eingangshalle überfluteten mich viele Wahrnehmungen, die ich jedoch ignorierte. Als ich endlich auf meinem Platz saß, spürte ich nach kurzer Zeit einen intensiven Druck in meinen Schultern, so als würden sich Krallen darin eingraben. Als ich dies endlich bewusst registrierte, gab ich es in einem kurzen Gebet ab, indem ich sagte: „Ich nehme die Last dieser Gemeinde jetzt nicht an, Jesus ist ihr Retter!" Dann bat ich ihn, diese Last zu nehmen. Danach war ich im Lobpreis frei und locker und konnte mich ganz auf Jesus ausrichten.

Es ist wirklich Training nötig, die ständig auf mich einströmenden Wahrnehmungen zu begrenzen und zu sortieren und Jesus zu geben. Meine persönlichen Zeiten mit Gott sind für mich oft aufbauender als ein Gottesdienstbesuch, weil ich mich dann ungestört auf Jesus ausrichten kann.

Wenn ich heute bestimmte körperliche Symptome bei mir feststelle, frage ich mich, welche Lasten ich unbewusst trage. Ich versuche dann herauszufinden, wo ich jemanden loslassen muss oder ob ich jetzt für etwas beten soll, was vielleicht sogar in der Zukunft liegt. Manchmal suche ich das Gespräch mit meinem Mann, um zu sortieren, ob es tatsächlich eine Last ist oder einfach körperliche Überforderung oder der Vorbote einer Krankheit. Entsprechend beten wir dann.

Aus Erfahrung weiß ich auch, dass ich oft vor Seminaren oder manchen Seelsorgegesprächen starke Rücken- oder Kopfschmerzen oder andere spontane Symptome habe. Das war lange Zeit sehr irritierend für mich. Ich habe gelernt, diese Schmerzen einfach nicht mehr als Krankheit zu werten, sondern als Anlass, speziell für die Situation zu beten. Häufig erlebte ich, dass die Schmerzen nach einem Einsatz, oder wenn ein bestimmter Schritt getan wurde, wieder so plötzlich verschwanden, wie sie gekommen waren.

Bei Gesprächen mit Ratsuchenden habe ich manchmal ein Schwindelgefühl im Kopf. Mittlerweile weiß ich, dass die andere Person dann mit innerer Verwirrung und Entscheidungsproblemen zu kämpfen hat. Spüre ich einen Nebel in meinen Gedanken, dann handelt es sich meist um dämonische Belastungen, und ich weiß, wie ich vorgehen muss.

Als in der letzten Seelsorgeschule das Thema „Männer- und Frauenhass" behandelt wurde, bekam ich plötzlich starke Kopfschmerzen, als ich den Seminarraum betrat. Da ich den Vortrag nicht selbst halten musste, zog ich mich auf mein Zimmer zurück, um mich kurz hinzulegen und eine Tablette zu nehmen. Im Zimmer ging es mir sofort besser. Als ich jedoch wieder in den Seminarraum kam, wurden die Schmerzen augenblicklich heftiger. Jetzt wusste ich, dass es „geistliche" Beschwerden waren, und ich begann zu beten. An diesem Vormittag gab es nach der Lehreinheit für einige Teilnehmer starke Befreiungen und tiefe innere Heilung.

Leben zwischen Unter- und Überforderung

Wenn Sie als HSL dies alles lesen, kommen Sie bitte nicht zu diesem Entschluss: Am besten meide ich Menschen und Unannehmlichkeiten und tue gar nichts. Das wäre grundverkehrt! Manche Lastenträger sind von den Ungerechtigkeiten des Lebens und der Gesellschaft so verletzt und frustriert, dass sie tatsächlich beschließen, alles zu meiden, was sie ärgern oder belasten könnte. Sie glauben dem nur entgehen zu können, wenn sie im totalen Rückzug leben. Aber das ist ein tragischer Trugschluss. Wer so lebt, lebt in Unterforderung und wird eher depressiv als glücklich. Er läuft Gefahr, zu vereinsamen und in Selbstmitleid zu versinken, und das nährt seine Bitterkeit und den Hass auf „die böse Welt" weiter. Verletzt und voller Verurteilungen übernehmen solche Lastenträger die Rolle des Beobachters und Besserwissers und beziehen daraus ihre Kraft und ihre Daseinsberechtigung. Wer jedoch so lebt und seine Talente vergräbt, tut sich und anderen keinen Gefallen. Selbstmitleid ist Sünde! Jesus erzählte das Gleichnis von den anvertrauten Talenten, um uns davor zu warnen. Der Knecht, der seine Gabe vergraben hatte, wurde von seinem Herrn scharf gerügt und erhielt keinerlei Belohnung.

Jeder Mensch braucht ein gewisses Maß an Herausforderung, um glücklich zu sein. Ständige Überforderung macht unglücklich und krank, aber Unterforderung ist auch nicht gesund. Viele Arbeitslose können ein Lied davon singen, wie sehr Unterforderung zermürben und die Seele krank machen kann. Wenn man sich den Herausforderungen des Lebens im Alltag stellt und darin kleine Siege erlebt, hat man das Gefühl, etwas geschafft zu haben. Das macht zufrieden und glücklich. Es ist manchmal eine Gratwanderung zwischen Überforderung und Unterforderung.

Jeder Lastenträger muss für sich herausfinden, wo die persönliche Belastungsgrenze liegt. Wir wissen, dass in der Regel Hochsensible weniger belastbar sind als andere Menschen. Sie sind emotional und körperlich einfach schneller erschöpft. Lernen Sie also, mit Ihren Grenzen zu leben, und stehen Sie dazu, aber laufen Sie nicht vor den normalen Aufgaben Ihres Lebens davon! Durch angemessene Herausforderungen wird man wachsen und stärker werden. Ich bin gewiss keine „Powerfrau", habe mich aber immer den Herausforderungen meines Lebens gestellt und bin dadurch stärker geworden und in meine Lebensberufung hineingewachsen. Manche Aufgaben hätte ich mir nie freiwillig gesucht, doch mittlerweile mache ich sie gerne. Aber ich kenne meine Grenzen und muss sie beachten, damit ich nicht zusammenbreche.

Die Bibel mit neuen Augen lesen

Alle Christen neigen zum selektiven Bibellesen. Je nach Typ und Erfahrung lieben sie spezielle Verse, Geschichten und Personen. Denken Sie einmal kurz nach: Welche Bibeltexte sprechen Sie immer wieder an und welche Verse oder Aussagen der Bibel haben Sie besonders verinnerlicht? Sind es vielleicht Texte, die von Hingabe reden, von Lebensaufgabe, von Verzicht, von Friedenhalten, von Dienen? Das wäre typisch für einen hochsensiblen Lastenträger. Die Bibel bietet eine breite geistliche Kost an, sie „ernährt" die unterschiedlichsten Menschen. Wenn Sie sich geistlich einseitig ernähren und sich nur von bestimmten Bibelstellen ansprechen lassen, kann es geschehen, dass Ihr Leben aus dem Lot gerät. Haben Sie als HSL schon die Texte entdeckt, die dazu ermutigen, klare

Grenzen zu setzen? Kennen Sie die Texte, die Ihre Persönlichkeit stärken und Ihr Vertrauen in Gott fördern? Haben Sie verinnerlicht, dass Jesus am Kreuz alle Schuld und Not getragen hat und dass Sie sich darum entspannen können? Kennen Sie die Gaben, die Gott, der Vater, Ihnen gegeben hat?

Eine weitere Beobachtung ist, dass HSL aufgrund ihrer inneren Unsicherheit zu frommer Gesetzlichkeit und zum Verurteilen neigen. Entspricht jemand aus ihrer Sicht nicht bestimmten biblischen Maßstäben, können sie sehr verurteilend sein und kontrollierend werden. Falls Sie diese Problematik kennen: Haben Sie schon wahrgenommen, in welch großer inneren Freiheit Jesus lebte und mit welcher Schärfe er sich gegen fromme Gesetzlichkeit oder den „religiösen Geist" wendete? Seine Sicherheit lag nicht im genauen Einhalten von Regeln und Geboten, sondern sie war begründet in seiner Herzensbeziehung zum Vater. Das gab ihm die innere Freiheit und Gelassenheit. Und es ist seine Absicht, Sie in genau diese Freiheit zu führen!

Jesus war in seinem Erdenleben ganz Mensch. Er hatte die gleichen Herausforderungen und Anfechtungen zu bewältigen wie alle anderen. Darum denken wir, dass seine starke Wahrnehmungsfähigkeit nicht allein Wirkung des Heiligen Geistes war, sondern dass er auch eine natürliche hohe Sensibilität hatte. Als hochsensibler Lastenträger können wir uns recht gut mit ihm identifizieren und eine Menge von ihm lernen. Darum empfehlen wir allen HSL, die Lebensgeschichte Jesu einmal unter dem Aspekt zu lesen, wie sich die Hochsensibilität bei ihm zeigte, wie er mit dieser Gabe umging und welchen Lebensstil er pflegte. Der Heilige Geist hat diese Gabe geschärft und Jesus gelehrt, nicht eigenmächtig damit umzugehen. Das will er auch bei uns HSL tun. Hier einige Gedankenanstöße aus dem Leben Jesu:

Jesus hatte schon als Kind eine so große Sensibilität für die göttliche Dimension, dass er sich als 12-Jähriger in seinem Lebenstraum verlor und die Abreise aus Jerusalem verpasste. Er wusste, was in Menschen vorging, was sie dachten, und konnte ihre Gedanken teilweise ganz konkret benennen. Er sprach Menschen auf ihre eigentliche Not an, wenn sie mit Fragen und Krankheiten zu ihm kamen. Er ließ sich nicht von der Gelegenheit oder dem Erfolg leiten, sondern fragte den Vater, was zu tun sei. Das bestimmte sein Lebensprogramm. Seine Berufung zu erfüllen war ihm wichtiger, als erfolgreich zu sein. Menschen waren ihm wichtiger als fromme Programme. Andere waren ihm wichtiger als sein eigenes Leben. Er umgab sich mit wenigen treuen Freunden, denen er sich offenbarte. Aber er kannte auch seine Grenzen und beachtete sie. Er tat nicht immer und überall Wunder, sondern wies auch mal Leute ab. Darum suchte er immer wieder die Stille und die Abgeschiedenheit, um zu regenerieren und mit dem Vater Gemeinschaft zu haben. Er lebte nicht aus eigener Kraft, sondern schöpfte aus der Beziehung zum Vater und zum Heiligen Geist. Auch sein Leidensweg war kein Ausgeliefertsein, sondern er ging ihn bewusst und hatte bei jedem Schritt die Autorität. Er stand gefesselt, aber innerlich frei und stark vor Pilatus und dem Hohen Rat.

Lastenträger sollten dies verstehen: Jesus ist nicht nur das Lamm Gottes, nicht nur der barmherzige, mitfühlende, hochsensible Menschenfreund, nicht nur Priester und Prophet, sondern er ist auch der königliche Herrscher, der mit Autorität auftritt und sein Reich auf die ganze Welt ausbreiten wird. Er ist Lamm und Löwe zugleich! Entdecken Sie darum auch die andere, die starke Seite Jesu und lernen Sie daraus!

Hochsensible Mitarbeiter – ein Wort an die Leiter

In der Regel wird man hochsensible Lastenträger, vor allem introvertierte, nicht in leitenden Funktionen einer Gemeinde oder eines Werkes finden. Sie arbeiten lieber im zweiten Glied. Als Verantwortliche für bestimmte Aufgaben oder als Gruppenleiter für einen definierten Personenkreis machen sie sich jedoch sehr gut. Sie mögen es, wenn ihr Aufgabenbereich überschaubar ist; und wenn er ihrem Gabenprofil entspricht, bringen sie beste Leistungen und Ergebnisse. Für sie ist es auch sehr hilfreich zu wissen, was jeweils erwartet wird. Sie brauchen diese Sicherheit, weil sie niemanden enttäuschen wollen. Darum sollten Leiter mit ihnen ausführlich über ihre Aufgaben sprechen und festlegen, wo die Grenzen sind, denn aufgrund ihrer Unsicherheit neigen Lastenträger dazu, eher zu viel zu tun als zu wenig. Dabei besteht die Gefahr, dass sie sich übernehmen.

Eine Begleitung mit Lob und Anerkennung gibt ihnen die innere Sicherheit, die sie brauchen, um sich entfalten zu können. Öffentliches Lob ist ihnen jedoch eher peinlich, weil sie dazu neigen, ihre durchweg guten Leistungen unterzubewerten und herunterzuspielen. Einige mögen es auch darum nicht, weil sie sich durch Lob umso mehr verpflichtet fühlen, nun diesem aus ihrer Sicht höheren Standard zu entsprechen. Und das bedeutet für sie Druck und Stress. Darum, liebe Leiter, erreichen Sie das Herz Ihrer HSL-Mitarbeiter am ehesten, wenn Sie öfter nachfragen, wie es ihnen in ihrer Aufgabe ergeht, und sie dezent und sehr persönlich loben. So wird Ihre Anerkennung für sie glaubwürdig und inspirierend.

HSL sind in der Regel gute Teamarbeiter, aber in Besprechungen eher zurückhaltend. Eine mögliche Folge davon haben wir im Kapitel zur Ehe im Abschnitt über Gespräche nach Sitzungen beschrieben. Ein Teamleiter hat den größten Nutzen von stillen, hochsensiblen Mitarbeitern, wenn er in einem Teamtreffen darauf achtet, dass sie zu Wort kommen. Bei uns hat es sich bewährt, spätestens wenn ein Besprechungspunkt zu Ende kommt, bei den schweigsamen HSL nachzufragen, ob sie zu diesem Punkt noch etwas bewegt. Auf die Weise ist ein HSL eingebunden und kann seine tieferen Gedanken und Einsichten zum Nutzen aller mitteilen. Besonders bei Themen, die andere Personen betreffen, sollten die HSL-Mitarbeiter gefragt werden, denn sie können am besten abschätzen, was bestimmte Entscheidungen für andere bedeuten werden. Die Beiträge der HSL sollten nicht ungeprüft als Entscheidungsgrundlage dienen. Sie müssen wie alle anderen Aspekte geprüft werden, sodass ausgewogene Beschlüsse zustande kommen.

Wenn Sie als HSL in einem Team eingebunden sind, in dem Sie kaum zu Wort kommen und über dessen Vorgehensweise und Entscheidungen Sie sich manchmal „die Haare raufen", dann versuchen Sie folgenden Tipp zu beherzigen: Suchen Sie sich einen

Verbündeten, am besten den Leiter oder ein anderes einflussreiches Teammitglied. Bitten Sie um ein Gespräch und geben Sie dieser Person in Kürze die wichtigsten Informationen über Ihre Hochsensibilität und darüber, welchen Rahmen Sie brauchen, damit Ihre Gabe dem Team zugutekommt. Sie können dazu gerne auch dieses Kapitel verwenden. Diese Person sollte dann darauf achten, dass Ihnen bei Teambesprechungen der notwendige Raum für Beiträge gegeben wird.

Zum Schluss ein Wort an die Leiter, die bereit waren, unseren Gedanken bis hierher zu folgen: Bitte hören Sie sich die Eindrücke und Beiträge Ihrer hochsensiblen Mitarbeiter gut an, bevor Sie Entscheidungen treffen oder ein Programm oder sonst etwas Neues planen, denn so erhalten Sie wertvolle Informationen. Diesen Eindrücken müssen Sie nicht blind gehorchen. Aber Sie sollten sie zur Kenntnis nehmen, abwägen und dann eine reife Entscheidung treffen. Das ist manchmal mühsam, aber uns hat diese Vorgehensweise vor etlichen schwerwiegenden Fehlern bewahrt.

Wie Sie sich als HSL garantiert unbeliebt machen können

Kaum war unser Buch erschienen, als wir schon die ersten besorgten Rückmeldungen erhielten, was wir denn mit diesem Thema „angestellt" hätten. Einige Leser hatten offensichtlich falsche Schlüsse aus unseren Ausführungen gezogen und nervten nun ihr Umfeld mit ihren neuen Erkenntnissen. Aus den Rückmeldungen haben wir die folgenden Tipps zusammengestellt, die Sie unbedingt beachten sollten, wenn Sie sich und das Thema Hochsensibilität schnell und erfolgreich in Misskredit bringen wollen.

1. Erzählen Sie jedem begeistert, dass Sie eine hochsensible Person sind. Zeigen Sie allen Ihr neues Schild: *Achtung, hochsensibel*. Erklären Sie den Leuten, ob sie es hören wollen oder nicht, wie sie richtig mit Ihnen umzugehen haben.

2. Halten Sie anderen Ihr *Stoppschild* vor: „Stopp, ich bin doch hochsensibel! Und du hast mich gerade wieder verletzt. Ich bin sehr enttäuscht von dir. Hüte dich, mich zu verletzen!"

3. Auch das Schild *Vorsicht* belastet Beziehungen effektiv. „Vorsicht, ich bin hochsensibel! Ich nehme deine innersten Regungen wahr! Mir machst du nichts vor! Ich weiß besser als du, wie es dir geht! Du bist arrogant. Du bist sauer! Du hast nicht vergeben!"

4. In Gemeinden und Hauskreisen hat sich das Schild *Prophetische Gabe* als Abschreckung bewährt. „Meine prophetische Gabe ist nun eindeutig bestätigt, denn ich bin hochsensibel. Ich habe eine direkte Antenne zu Gott – im Gegensatz zu euch! Der Herr zeigt mir Dinge, die ihr nicht versteht. Darum wagt es nicht, mich zu hinterfragen, denn damit hinterfragt ihr das Reden Gottes!"

5. Stellen Sie in der Wohnung (oder wo nötig) das *Bitte Ruhe*-Schild auf: „Ich bin hochsensibel, nehmt Rücksicht, ich vertrage nun mal keinen Lärm!"

Was wäre richtig? Nehmen Sie Ihre Eigenverantwortung wahr und schützen Sie sich selbst durch einen angemessenen Lebensstil. Sie können nicht erwarten, dass Ihr Umfeld ständig Rücksicht auf Sie nimmt. Wenn es z. B. irgendwo unangenehm für Sie wird, dann entfernen Sie sich einfach ohne Vorwürfe aus der Situation. Ist das nicht möglich, dann halten Sie es entweder aus oder bitten Sie freundlich um Rücksichtnahme. Aber das sollte nicht ständig damit begründet werden, dass sie hochsensibel sind. Andernfalls kann es leicht als „Tyrannei der Hochsensibilität" ankommen.

Kapitel 6

Hochsensible Lastenträger in der Ehe

Einige der folgenden Probleme treffen nicht nur auf die Ehe zu, sondern können überall entstehen, wo HSL in engen Beziehungen leben. Darum werden wir sie etwas ausführlicher darstellen.

Sandfords erzählten die bemerkenswerte Geschichte eines Ehepaares: Der Mann, ein erfolgreicher Geschäftsmann und beliebter Christ, hatte eine Frau, die ständig unter körperlichen Beschwerden litt und öfter plötzlich krank wurde. Besonders an Wochenenden, wenn er zu Hause war, um zu entspannen, stellten sich bei ihr Migräneanfälle ein. In der Gemeinde fragte man sich schon, warum dieser tolle Mann mit einer so kranken Frau „gestraft" sei. Als der Mann plötzlich starb, dauerte es nicht lange und die Frau war gesund und fit. Sie blühte auf, man kannte sie kaum wieder. Was war geschehen?

Dieser Mann trug viel Verantwortung. Unbewusst brachte er diese Lasten mit nach Hause, wo seine hochsensible Frau genauso unbewusst seine Lasten übernahm. Sie war in gewisser Weise sein emotionales Ventil. Er hatte gelernt, gut zu funktionieren, er hatte sich und sein Leben im Griff, aber alle seine Gefühle verdrängte er. Er managte sein Leben und fühlte sich dabei ganz okay, während ihre Seele und ihr Körper empfingen und ausdrückten, was er unterschwellig an Sorgen und Lasten trug. Sein früher Tod könnte ein Anzeichen dafür sein, dass er mehr Probleme hatte, als er sich eingestehen konnte oder wollte.

Lasten wahrnehmen und sich schützen

Wenn Sie verheiratet sind, sollten Sie wissen: Ein Lastenträger spürt immer die Last seines Ehepartners, auch ohne dass es ausgesprochen wird! Wenn der HSL den Ehepartner darauf anspricht, erhält er oft die abwiegelnde Antwort: „Was du schon wieder hast! Stell dich nicht so an, bei mir ist alles okay!" Erst in den letzten Jahren, seitdem ich (Dirk) mich mit der Gabe meiner Frau auseinandergesetzt habe, merke ich auf, wenn Christa mich hinterfragt und mich bittet zu prüfen, was in mir eigentlich vorgeht. Dabei stelle ich öfter fest, dass sie mich genauer kennt und besser einschätzt als ich mich selbst. Wenn ich dann selbst entdecke, was mich tief bewegt, und es mir und ihr eingestehe, wird das Leben für sie augenblicklich leichter. Manchmal beten wir dann miteinander oder wir sprechen die Situation einfach nur durch. Ich habe gelernt: Verstecken und verdrängen verschlimmert die Situation für einen hochsensiblen Lastenträger.

Ein HSL-Ehepartner kann das Los des anderen nur zeitweilig erleichtern, bewusstes oder unbewusstes Lastentragen wird den Ehepartner nicht retten. Dieser Geschäftsmann hätte selbst Verantwortung für sein Leben und einen gesunden Lebensstil übernehmen müssen. Stark sachorientierte, logisch denkende Personen sollten lernen, ihre unbewussten Lasten und Sorgen selbst wahrzunehmen, sie ernst nehmen und an der Lösung ihrer inneren Probleme arbeiten. Auf der anderen Seite muss der Lastenträger lernen, sich zu schützen und sich von den Lasten des anderen zu distanzieren.

Solange es einem Ehepaar nicht bewusst ist, dass einer von ihnen ein hochsensibler Lastenträger ist, kann die Gabe Verwirrung, Spannungen und Konflikte auslösen. Der HSL neigt dazu, dem unsensiblen Ehepartner einfach die Schuld für die eigene Verstimmung zu geben. Manchmal lösen dann Kleinigkeiten einen Streit aus. Der andere wird sich verteidigen, weil er sich keiner Schuld bewusst ist, und das führt schnell zu gegenseitigen Beschuldigungen und Streit. Hier kommt noch einmal Sabine zu Wort. Sie berichtet, wie sie und ihr Mann gelernt haben, als Ehepaar konstruktiv mit der Gabe umzugehen:

In meiner Ehe war es für mich als Lastenträger nicht einfach zu sortieren: Welches Problem stammt von mir selbst und welches kommt von meinem Mann, bzw. welche Sorgen bringt er von der Arbeit mit nach Hause? Früher gab es oft ein großes Durcheinander und Streit, wenn er heimkam. Inzwischen haben wir gelernt, unsere Wahrnehmungen zu sortieren und herauszufinden, woher sie kommen. Das kann heute so aussehen: Ich habe einen ruhigen Tag, die Kinder spielen ausgeglichen und entspannt. Dann kommt mein Mann von der Arbeit, und plötzlich spüre ich eine große Unruhe. Also frage ich ihn nach seinem Arbeitstag: War er ruhig oder hektisch? Je nachdem, wie seine Antwort ausfällt, bringen wir die Lasten und die Unruhe im Gebet zu Jesus, und es kehrt wieder Frieden ein. Manchmal betrifft es nicht meinen Mann selbst, sondern er trägt die Lasten eines Mitarbeiters oder des Chefs. Auch damit gehen wir zu Jesus, lassen die Dinge los und treten in der Fürbitte für die betreffende Person ein.

Wie schön wäre es, wenn der Mann zu Hause arbeitete! – Dieser Traum vieler Paare kann auch zum Albtraum werden, wenn ein Partner hochsensibel ist und es keine klare Abgrenzung zwischen Beruf und Privatem gibt. Heute verstehe ich (Dirk), warum es Christa so sehr irritiert, dass mein Büro in der Wohnung ist. Es gibt Zeiten, wo der Arbeitsdruck schon mal größer ist oder etwas nicht so gelingt. Unbewusst reagiere ich darauf und kommentiere manchmal halblaut, was gerade los ist oder mich ärgert. So baue ich meinen Stress ab und arbeite zufrieden weiter. Für mich sind diese Reaktionen normal, damit störe ich ja niemanden, denke ich. Aber dem ist nicht so. Lastenträger kriegen alle atmosphärischen Schwankungen mit. Wenn meine Bürotür etwas offen steht und Christa zufällig vorbeikommt, reagiert sie sofort auf mich, oder sie fragt später beim Essen, welchen Stress ich wieder hatte. Aber ich kann mich dann an nichts Besonderes mehr erinnern. Selbst wenn ich zwischendrin einmal in ein anderes Zimmer gehe, vermittelt ihr die Art meiner Bewegungen eine bestimmte Botschaft. Darum bemühen wir uns heute sehr, unseren Alltag so zu gestalten, dass Christa weitestgehend von meinen Lasten abgeschirmt ist. Sie hat auch gelernt, sich selbst zu schützen. Wenn sie mich auf etwas anspricht, hilft es ihr manchmal, wenn ich beschwichtigend sage: „Ach, da ist nichts Besonderes, es ist okay." Ein anderes Mal ist es besser, wenn ich ihr erkläre, was los ist, und dann wieder gibt es Situationen, wo mich ihre Frage ins Nachdenken bringt über meine eigene Wahrnehmung und Befindlichkeit und ich eingestehen muss, dass ich gerade mit echten Problemen zu kämpfen habe. Dann hilft mir der Austausch und das Gebet mit Christa. Generell empfehlen wir Familien mit einem HSL sehr, Arbeit und Privates klar zu trennen und nach Möglichkeit kein Büro in der eigenen Wohnung zu haben!

Wenn beide Partner HSL sind

„Ist es leichter, wenn beide Partner hochsensibel sind, oder schwerer?" Diese Frage wird uns immer wieder gestellt. Im Prinzip haben solche Paare die gleichen Probleme wie alle anderen, es sei denn, beide sind verletzte HSL. Dann kann es ihr Dilemma sein, dass jeder eigene Nöte hat und dazu die Lasten des Partners spürt. Um dem anderen nicht noch mehr aufzubürden, trauen sich beide nicht, über ihre Not zu reden. Das ist besonders dann der Fall, wenn sie sich als Kinder dazu entschieden hatten, selbst niemandem zur Last zu fallen, sondern stattdessen die Lasten aller anderen zu tragen und deren Los zu mildern. Nun befinden sie sich in einer echten Klemme, denn sie wetteifern miteinander im geduldigen Tragen der eigenen Last und der des Partners. Je länger das dauert, umso mehr sehnen sie sich danach, eine Grenze setzen zu können, was jedoch entsprechend ihrer inneren Überzeugung nicht sein darf. Natürlich muss man sich ansehen, wie im Einzelfall die Lösung aussehen könnte, aber generell raten wir: Die Bürde der Lasten ist ohnehin präsent. Darum reden Sie offen miteinander. Sagen Sie, wie es Ihnen geht, was Sie bedrückt und was zu viel wird. Nur wenn man ein Problem benennt und offen anspricht, kann man auch etwas ändern. Mit den eigenen Wahrnehmungen und Mutmaßungen und Lösungsversuchen kämpft jeder für sich allein und wird innerlich immer einsamer. Darum öffnen Sie die Situation unbedingt und überlegen Sie gemeinsam, was Sie beide tun könnten, um sie zu entschärfen, ohne dass es auf Kosten eines Partners geschieht. Sprechen Sie darüber, was Sie voneinander erwarten können und wollen und was nicht. Dazu gehört auch, dass jeder sagt, wo die Grenze seiner Belastbarkeit ist und was er oder sie zu tun bereit ist und was nicht. Eine sehr empfehlenswerte Hilfe ist in diesen Situationen das gemeinsame laute Gebet, in dem man die eigene Hilflosigkeit bekennt und die ganze Not Gott hinlegt und loslässt. Jesus ist unser Lastenträger und Erlöser! Und wenn man es dann noch schafft, einander im Namen Jesu mit Kraft zu segnen, sieht das Leben schon viel besser aus.

Mit der Unterschiedlichkeit leben lernen

Interessanterweise suchen sich Lastenträger oft einen weniger sensiblen Partner aus, jemanden, der in den Stürmen des Lebens sicher steht, der sachlich und beherrscht ist und das Leben im Griff zu haben scheint. Da können sie sich anlehnen und entspannen, so eine Person erscheint dem Hochsensiblen als die ideale Ergänzung für sein emotional bewegtes Seelenleben. Für solch eine „coole" Person ist wiederum eine HSP als Partner interessant, weil diese das an Intuition und Gefühlen hat, was dem sachlichen Typ fehlt. Die beiden passen gut zueinander, einer ist sensibel und intuitiv, der andere sachlich und faktenorientiert. Wenn sie lernen, sich in ihrer Andersartigkeit anzunehmen und zu ergänzen, decken sie ein breites Lebensspektrum ab.

Aber im Alltag ist diese Unterschiedlichkeit für beide Partner sehr herausfordernd. Ihre Lebensgrundhaltungen sind so verschieden, dass es aufgrund überzogener Erwartungen und eines unweisen Umgangs miteinander wahrscheinlich bald zu Missverständnissen und Verletzungen kommen wird, was unaufgearbeitete Verletzungen aus der Kindheit noch verstärken. Statt Ergänzung gibt es Kampf. Der Hochsensible spürt etwas und erwartet, dass der Partner das Gleiche wahrnimmt und so darauf reagiert, wie er es für richtig hält. Er sucht ja Entlastung für sich. Der Sachorientierte merkt jedoch nichts und reagiert nicht wie erwünscht, denn er hat für sich selbst keine schlüssige Begründung für eine Handlung. Eher greift er die HSP an und bezeichnet sie als „irrational" und „übersensibel". Statt sich anlehnen zu können und sich beschützt zu fühlen, kommt sich die HSP nun wieder abgelehnt und unverstanden vor, und nach und nach erstirbt die Liebe zum Partner.

In unserer „Mischehe" gab es einige Konfliktbereiche, mit denen auch andere Paare zu kämpfen haben, die ebenfalls in unserer Kombination leben. Ich (Dirk) war oft verwirrt, weil Christa mir „doppelte Botschaften" gab. Auf der einen Seite war sie stark und leistungsfähig, sie packte an und schaffte viel. Aber dann gab es immer wieder plötzliche emotionale und körperliche Einbrüche, die wir heute als Reaktion auf Überstimulation einordnen können. Mit einem Mal war ihre ganze Energie dahin, geplante Unternehmungen schaffte sie nur mit großer Mühe oder musste sie sogar absagen. Das enttäuschte mich zuweilen sehr, ich mochte lieber die immer starke Frau an meiner Seite. Christa riss sich zusammen, um meinen Erwartungen zu entsprechen und so mögliche Konflikte zu vermeiden. In ihrer konfliktgeladenen Ursprungsfamilie hatte sie sich entschieden, zum Frieden beizutragen, indem sie ihre Bedürfnisse immer hintanstellte und ihre Meinung für sich behielt. Sie wollte keine zusätzliche Last sein und keinen Streit verursachen! Dieses Muster lebte sie nun auch in der Ehe. Die Folge waren immer wieder plötzlich auftretende Krankheiten und Rückenbeschwerden. Ihre überforderte Seele sandte eindeutige Körpersignale, aber sie verstand sie nicht zu deuten. Ihre Stärke kehrte ja immer wieder zurück. Das ging viele lange Jahre so, bis es zu einem heftigen körperlichen Zusammenbruch kam. Rückblickend wissen wir, dass es ein *Burnout* war. Leider hatten wir damals nicht genügend Verständnis für die Zusammenhänge. Erst durch das Erkennen von Christas Hochsensibilität haben wir gelernt, mit ihrem Kräftehaushalt angemessen umzugehen.

Es tut mir leid, dass ich ihre Befindlichkeit so oft nicht verstanden habe. Mittlerweile haben wir gelernt, über diesen Bereich offen zu reden. Christa hat ihre inneren Blockaden überwunden, nicht zu reden und immer durchhalten zu müssen, und gelernt, mir offen zu sagen, wenn sie an ihre Grenze kommt. Ich benötige diese Information und bin dann gerne bereit, Rücksicht zu nehmen und ihr zu helfen, denn mein höheres Lebenstempo kann ich drosseln, aber sie kann nicht noch zulegen, wenn ihre Kraftgrenze erreicht ist.

Konflikte ergaben sich auch aus unserer typgemäßen Unterschiedlichkeit: Logik kontra Intuition. Es stimmt, Gegensätze ziehen sich an.

Christa schätzt meine emotionale Stabilität, meine Sachlichkeit und Logik. Da findet sie Halt und kann sich anlehnen, wenn ihre Gefühle Achterbahn fahren. Ich schätze ihre Emotionalität, ihre Wärme und Beziehungsorientiertheit. Das benötige ich als Ergänzung. Aber unterschiedliche Verhaltensweisen, die nicht verstanden oder akzeptiert werden, belasten eine Partnerschaft. Ihre starke Intuition hat mich oft irritiert und auch geärgert, vor allem, wenn sie in Form von Ängsten und Befürchtungen geäußert wurde oder wenn Christa erwartete, dass ich einfach aufgrund ihrer Wahrnehmung handele. Dies konnte ich nicht nachvollziehen, es war für mich nicht logisch, und dafür verurteilte ich meine Frau; ich blockierte und versuchte manchmal sogar, ihr die Wahrnehmung auszureden. Das war sehr verletzend für sie und machte es ihr schwer, ihre hohe Intuition als Gabe anzunehmen. So standen wir mit unseren jeweiligen Erwartungen voreinander, was regelmäßig zu Missverständnissen und Konflikten führte. Wir haben diesen Punkt bewältigt, indem wir immer wieder offen darüber sprachen. Forderungen, Druck, Ausweichen, Rechthaberei, Schweigen, Verachtung und Respektlosigkeit sind zerstörerische Haltungen, die eine Lösung blockieren. Für die zugefügten Verletzungen und das Verkanntwerden haben wir einander nicht nur einmal um Vergebung gebeten. Da dieses verletzende Muster weit verbreitet ist, empfehlen wir allen Paaren, die es betrifft, über ihre Bedürfnisse und Erwartungen zu reden und sich gegenseitig die Verletzungen zu vergeben. Dann kann man miteinander eine sinnvolle Strategie erarbeiten. Wir haben ausgemacht, dass Christa mir ihre intuitive Wahrnehmung mitteilt, ohne sie zu interpretieren oder mir zu sagen, was nun geschehen soll. Das gibt mir die Freiheit, sie ernst zu nehmen und genauer nachzufragen, denn ihre Intuition schätze ich sehr. Gemeinsam überlegen wir dann, was wir aufgrund ihrer Wahrnehmung machen sollen. So kann ich meine logische Seite einbringen und wir kommen zu Ergebnissen, die uns beide zufriedenstellen.

Typisch für uns sind häufige Nachgespräche nach Sitzungen. Meist habe ich nach einer normalen Besprechung die Thematik schnell abgehakt und fahre entspannt nach Hause. Christa sitzt still neben mir, aber es arbeitet in ihr. Schließlich rückt sie mit einer Frage oder Bemerkung zu einem bestimmten Punkt des Treffens heraus. Früher reagierte ich oft mit dem Vorwurf: „Warum hast du es denn nicht eher gesagt? Das hätten wir wissen sollen. Jetzt ist es zu spät!", und es entwickelten sich manchmal kleine Konflikte. Heute weiß ich, dass Christa als HSP oft überfordert ist, ihre Sicht in schnell ablaufenden Gesprächen direkt zu äußern. Wie alle Hochsensiblen denkt sie über gewisse Aspekte gründlicher nach, und wenn sich die Thematik weiter entwickelt, legt sie ihre unerledigten Gedanken vorübergehend in einer Art innerem Regal ab. Wenn sie dann endlich zur Ruhe kommt, werden diese offenen Posten wieder hervorgeholt, um sie im Gespräch zu ordnen und dann endgültig „abzulegen". Diese Vorgehensweise ist für sie normal, für mich eher frustrierend. Aber seit ich weiß, dass es bei ihr innerlich so abläuft, kann ich gelassener damit umgehen.

Insgesamt hat uns zum gegenseitigen Verständnis sehr geholfen, dass wir uns schon sehr früh mit unseren unterschiedlichen Sichtweisen und Bedürfnissen auseinandergesetzt haben. Anhand der Lehre über die vier klassischen Temperamente, das DISG-Profil und später die fünf Liebessprachen haben wir immer mehr gelernt, unsere Andersartigkeit zu erfassen, uns gegenseitig anzunehmen und zu respektieren. Wir erkannten unsere unterschiedlichen Bedürfnisse und lernten, Konflikte konstruktiv zu lösen. Etliche Eheseminare bei Team.F entstanden daraus, dass wir unsere Erkenntnisse und Erfahrungen anderen Paaren zugänglich machten. So wurden die Konflikte, die wir durchlebt hatten, zum Segen für andere.

In einer Ehe oder einer Partnerschaft sind wir immer um Ausgewogenheit bemüht. Es ist wie auf einer Kinderwippe: Je emotionaler der eine wird, desto sachlicher wird der andere und umgekehrt. Beide rücken in Extrempositionen weit voneinander weg, weil sie meinen, so die Ausgewogenheit im Leben zu halten. Wer nachgibt, stört das Gleichgewicht! Aber genau das ist verkehrt. So wird man der Andersartigkeit des Partners nicht gerecht. Beide müssen lernen, über Gefühle zu reden und richtig zuzuhören. Sonst landen sie nur in gegenseitigen Verurteilungen und Vorwürfen, sie verletzen und werden verletzt und entwickeln sich auseinander. Solch eine Lebenssituation kostet vor allem den Hochsensiblen viel Kraft, und nicht selten trennen sich diese Paare schließlich, weil sie einander einfach nicht verstehen. Manchmal hält der friedliebende HSP-Partner lange durch, aber irgendwann steigt er plötzlich aus der Ehe aus. Wir haben öfter von einem Lastenträger die Worte gehört: „In mir ist etwas zerbrochen, ich kann einfach nicht mehr. Ich musste gehen, um mich zu schützen."

Vielen Lesern sind Bill und Lynne Hybels („Willow Creek") ein Begriff. In ihrem Buch „Ehe leben, Ehe lieben" (s. Anhang) beschreiben sie ihre Liebesgeschichte und ihre Konflikte. Nach allem, was wir über Hochsensible wissen, vermuten wir, dass Lynne Hybels hochsensibel ist. An ihren unterschiedlichen Persönlichkeiten und Lebensstilen ist ihre Ehe fast zerbrochen. Bill, der starke, selbstbewusste, visionäre Leiter, und Lynne, die sensible, oft überforderte Frau an seiner Seite, hatten echte Probleme und brauchten Hilfe von außen. Es ist sehr bewegend zu lesen, durch welche Höhen und Tiefen ihre Freundschaft ging, wie sie sich in der Ehe auseinanderlebten und Bill dann sehr demütig auf seine Frau zuging und ihre Liebe wiedergewann. Das war vorbildlich und verdient höchsten Respekt. An dieser Stelle hat er sich wahrlich als „Mann Gottes" erwiesen. Wir empfehlen dies Buch gerne den Ehepaaren, die an ihrer Unterschiedlichkeit leiden und wo die Männer ihre sensible Frau als Hemmschuh ihrer Berufung empfinden. Wir denken, dass der Segen von Willow Creek u. a. darin begründet liegt, dass Bill und Lynne sich in der Ehe als Ergänzung gefunden und akzeptiert haben und in ihrem Leben als Christ bis in die Privatsphäre der Ehe hinein integer sind.

Als sachorientierter Typ habe ich (Dirk) meine hochsensible Frau viele Jahre nicht verstanden. Seit ich um ihre Gabe weiß, kann ich mich auf ihre Denk- und Reaktionsweisen einstellen. Ich muss nicht mehr gegen sie oder für mich kämpfen. Das entspannt unser Leben sehr und ist für unser Miteinander ein großer Gewinn. Ich habe von ihr gelernt und bin sensibler geworden. Das empfinde ich als echte Bereicherung. Ich weiß auch, dass sie in vielen Situationen intuitiv Zugang hat zu mir verborgenen Informationen, die für unser Leben und unseren Dienst wichtig sind. Mehr und mehr lerne ich, den Input meiner Frau zu schätzen und ihren Eindrücken zu vertrauen. Ich finde es erstaunlich und manchmal auch beneidenswert, wie ihr diese Gabe in der Seelsorge hilft. Wenn sie emotional aus dem Gleichgewicht gerät oder körperliche Schmerzen hat, fragen wir heute gemeinsam nach der Wurzel und beten zusammen. Gottes Reden wird klarer und unser Leben reicher.

Schritte zum Frieden in der Ehe

Wir wünschen sehr, dass wir mit diesen Ausführungen einigen Ehepaaren die Augen füreinander öffnen konnten. Denken Sie daran: Keiner von Ihnen ist verkehrt! Sie benötigen einander als Ausgleich und Ergänzung für Ihre Einseitigkeit! Wenn es Probleme gibt, ist nicht der Partner Ihr Feind, sondern der Teufel ist Ihr gemeinsamer Feind. Er will Sie auseinanderbringen und Ihre Ehe zerstören. Wissen Sie nicht Bescheid, kann ihm das gelingen, sofern Sie nicht Hilfe suchen und lernen, Ihre Ehe zu schützen. Diese Schritte haben uns geholfen, wenn unsere Unterschiedlichkeit mal wieder zu einem Konflikt führte:

▶ Buße

Buße ist für beide notwendig. Buße darüber, dass man den Partner unter Druck gesetzt oder nicht zugehört hat, dass man unausgesprochene Erwartungen hatte oder Erwartungen als Vorwurf äußerte, besonders aber, wenn sich Verachtung des Partners eingeschlichen hat.

▶ Einander vergeben

Ich vergebe dem Partner, dass er mich durch Ignoranz oder Bevormundung verletzt hat. Vielleicht bin ich auch so verletzt, weil alte, ungeheilte Wunden aus der Kindheit angerührt werden? Das muss ich prüfen und Schritte zu meiner Heilung gehen.

▶ Annahme

Eine erneute Annahme des Partners ist der nächste Schritt. Erkennen Sie Ihre Ergänzungsbedürftigkeit und sprechen Sie ein bewusstes Ja zu der Andersartigkeit des Partners.

▶ Reden und zuhören lernen

Lernen Sie zu kommunizieren, ohne Druck auszuüben. Reden Sie über Ihre Gefühle und Empfindungen und hören Sie genau zu, ohne eine schnelle Lösung anzubieten oder den Partner für seine Art zu verurteilen. Die einfachen Lösungen der Sachorientierten helfen den hochsensiblen Lastenträgern meist nicht weiter. Oft wissen sie selbst, was zu tun ist. Sie wollen einfach nur etwas Verständnis und sich anlehnen können.

▶ Gemeinsames Gebet

Beten Sie miteinander, wenn Sie mit einer Situation nicht klarkommen, statt dem anderen gute Ratschläge zu erteilen. Hören Sie gemeinsam auf den Heiligen Geist, wie Sie mit bestimmten Situationen umgehen sollen. Lassen Sie zu, dass er in Ihrer Ehe die Regie führt.

▶ Beratung suchen

Wenn das Miteinander sehr schwierig wird, nehmen Sie Beratung in Anspruch. Oft wirkt ein Gespräch Wunder, und die Knoten lösen sich.

Kapitel 7

Leben als gesegnete HSL – die Berufung erkennen

Was möchte Gott aus Ihrem Leben machen? Haben Sie Ihren Platz gefunden? Sind Sie darin zufrieden und erfüllt? Was hat er sich gedacht, als er Sie mit der Gabe der Hochsensibilität ausrüstete? Hat er etwa Freude daran, wenn Menschen es im Leben schwer haben und leiden müssen?

Diese Fragen bewegen nicht wenige Hochsensible. Aber es hilft nicht weiter, wenn man mit Gott hadert und sich und seinen Lebensweg dauernd in Frage stellt. Gott ist der souveräne Schöpfer und anscheinend hält er es für nötig, dass ein gewisser Prozentsatz der Menschen hochsensibel sein muss, damit sie die Erde füllen und sich untertan machen, über die Schöpfung herrschen und als Menschheit überleben. Ohne priesterliche Ratgeber und ohne prophetische Einsicht würde die Beziehung zu Gott verkümmern oder völlig verloren gehen. Ohne Barmherzigkeit und Anteilnahme wäre das Leben auf der Erde unerträglich. Allein die Vorstellung, dass nur ziel- und aufgabenorientierte Hardliner das Sagen hätten, lässt einen HSL erschaudern.

Es gibt viele Lebensbereiche und Aufgaben, in denen Lastenträger einmalig und unersetzlich sind. Die Palette der beruflichen Möglichkeiten nannten wir kurz im Eingangskapitel. Hier möchten wir etwas sagen zu der spirituellen Seite der HSL und Impulse geben, wie sie als Christen mit ihrer starken Sensibilität effektiv dienen können. Die folgenden Ausführungen sind besonders für diejenigen Lastenträger gedacht, die ihren Platz bzw. ihren Dienst noch nicht gefunden haben. Unsere Liste ist sicherlich nicht vollständig, aber zumindest gibt sie einige konkrete Perspektiven. Im letzten Teil möchten wir denen, die öfter innere Eindrücke oder prophetische Worte für andere Menschen erhalten, ein Wort der Vorsicht mitgeben.

Elaine Aron hat festgestellt, dass alle Hochsensiblen eine besondere Offenheit für die spirituelle Welt haben. Schon als Kinder suchen viele nach dem tieferen Sinn des Lebens, sie beten und machen zum Teil außergewöhnliche Erfahrungen. Die starke, unerklärliche Wahrnehmungsfähigkeit lässt vielleicht ängstliche Christen das Wirken dämonischer Kräfte vermuten. Sie ordnen die Gabe der Hellseherei zu, die natürlich nicht von Gott ist. Hochsensibilität und die Fähigkeit, fremde Lasten wahrzunehmen, ist jedoch „geistlich neutral". Es kommt aber darauf an, was wir aus dieser Gabe machen. Etliche Hochsensible, die in unserer rational geprägten Gesellschaft auf ihre tiefen Lebensfragen keine schlüssigen Antworten finden oder die ihre Gabe ergründen und entwickeln wollen, verstricken sich in esoterische oder okkulte Praktiken. Sie wissen, dass es eine unsichtbare Welt gibt. Um ihre Lebensbestimmung zu finden oder ihr Leben zu bewältigen, nehmen sie bewusst Kontakt auf zum übersinnlichen Bereich. Doch damit laden sie auch Dämonen in ihr Leben ein. Die Gabe kann aber auch geistlich verunreinigt sein, wenn die Vorfahren eines Lastenträgers in Okkultismus, Spiritismus oder in Aberglauben verwickelt waren. Dies ist ein weiterer Grund, dass HSL Seelsorge in Anspruch nehmen sollten: Einige brauchen Befreiung von den geistlichen Belastungen durch die Sünden ihrer Vorfahren. Bei hochsensiblen Kindern Gottes jedoch möchte der Heilige Geist Geistesgaben und Dienste wachsen lassen, zum Nutzen der Gemeinden und vieler Menschen. Gottes Gaben sind gut und eine wunderbare Bereicherung des Lebens, wenn wir lernen, segensreich mit ihnen umzugehen.

John und Paula Sandford sehen die Hauptfunktion dieser Gabe darin, dass der Lastenträger zum Fürbittedienst berufen ist. Ihre entscheidende Entdeckung war, dass man im Gebet Lasten an Gott abgeben kann. Daraus folgerten sie, dass Lastentragen die Gabe des Gebetsdienstes ist. Es gibt tatsächlich viele HSL, die Gebet und Fürbitte als ihren primären Dienst sehen und darin aufblühen. Auch Sandfords gehören dazu. Aufgrund unserer Beobachtungen und Informationen denken wir, dass die Eingrenzung der Gabe auf den Gebetsdienst zu eng ist. Ich zum Beispiel habe nicht die Berufung zum Gebetsdienst, bei mir kommt die Hochsensibilität in anderen Diensten stärker zur Geltung. Beide Sandfords sind starke Lastenträger und Fürbitter, aber sie sind auch Propheten, Seelsorger, Hirten und Lehrer. Wir beobachten, dass die starke Intuition der Hochsensiblen eine gute Voraussetzung für verschiedene Gaben oder Dienste ist. Dazu gehören vor allem: Seelsorge, Wort der Erkenntnis, Prophetie, Unterscheidung der Geister, Barmherzigkeitsdienste, Kreativität jeder Art, Anbetung und Lobpreis. Viele dieser Dienste sind gekoppelt mit einem Gebets- oder Lehrdienst. Je nach Begabung, Persönlichkeitstyp, Umfeld und Entfaltungsmöglichkeiten werden sich die HSP in dem einen oder anderen Bereich wiederfinden und ihre Gabe entwickeln. Alle diese Dienste können natürlich auch von Nicht-Hochsensiblen ausgeübt werden, aber HSP haben in der Regel einen leichteren Zugang zu einem Dienst, der ein gewisses Maß an Intuition verlangt.

Wenn Sie Ihre geistlichen Gaben entwickeln und darin wachsen wollen, empfehlen wir Ihnen ein Umfeld, in dem die Gaben gefördert und geschärft werden. Das kann in einer Gemeinde oder einem bestimmten Dienst geschehen. Oder besuchen Sie Seminare zu den Themenbereichen, die Sie interessieren. Einige Möglichkeiten werden wir jetzt näher anschauen.

Fürbitte und Gebetsdienst

In Galater 6,1–2 heißt es: „Liebe Brüder, wenn ein Mensch etwa von einem Fehl übereilt würde, so helft ihm wieder zurecht mit sanftmütigem Geist, ihr, die ihr geistlich seid; und siehe auf dich selbst, dass du nicht auch versucht werdest. Einer trage des anderen Last, so werdet ihr das Gesetz Christi erfüllen."

Nach diesem Wort des Apostels Paulus sind alle Christen berufen, den Schwächen anderer mit Anteilnahme, Mitleid und Fürsorge zu begegnen. Für viele ist das eine eher mühsame Aufgabe, aber Lastenträgern fällt es in der Regel leicht, von Herzen Anteil zu nehmen und die Lebenslast anderer zu Jesus zu tragen. Weil sie sich gut in andere einfühlen können, sind HSL (auch als Nichtchristen) immer wieder eine Anlaufstelle für Menschen, die ihr Herz ausschütten oder einen Rat haben wollen. Sollte dies nicht der Fall sein, dann hat sich ein HSL wahrscheinlich hart gemacht, um sich zu schützen.

Niemand kann wirklich die Lasten anderer tragen, und sie ganz wegnehmen schon gar nicht. Nur Jesus kann sich vollkommen mit der Not identifizieren, nur er kann vollkommen lieben und ganz für jemanden da sein und die Lasten wegnehmen. Er hat bereits alle Not und alle Schmerzen der Menschheit bei seinem Tod am Kreuz an sich gezogen, sie getragen und uns davon erlöst. Nun beteiligt er uns daran. Jedes Mal, wenn wir mit den Lasten dieser Welt, mit aller Ungerechtigkeit und allem Schmerz zu Jesus gehen und das alles auf ihn legen, dann werden wir es los und erleben Entlastung. So begreifen wir die Bedeutung seines Todes und seiner Erlösung immer tiefer. Wie sieht das praktisch aus?

Mittlerweile habe ich gelernt, Lasten wahrzunehmen, mich aber davon nicht mehr bedrücken zu lassen, sondern sie sofort zu Gott zu bringen. Oft weiß ich nicht, um wen es sich handelt und wie ich beten soll. Dann bete ich in Sprachen und halte die Last so lange Jesus hin, bis ich innerlich eine Freiheit spüre und weiß: So, jetzt ist es gut, jetzt brauche ich diese Sache oder diese Person nicht mehr in meinem Geist vor Gott zu bewegen.

Manchmal spüre ich Lasten und merke nicht schnell genug, dass ich sie schon wieder selbst trage. Erst nach einer Weile fällt mir auf, dass ich mich bedrückt fühle oder verspannt bin. Dann überlege ich, von wem ich jetzt wieder Lasten aufgenommen haben könnte. Ich muss mich dann innerlich sortieren, um zu wissen, wie ich die Lasten einordnen kann und wie ich damit umgehen soll. Mir hilft dabei sehr, wenn ich im Geist bete. Das Sprachengebet ist im Alltag häufig mein Begleiter, denn es macht keine Mühe. Manchmal bemerke ich, dass ich schon im Geist bete, wenn ich die Lasten noch gar nicht bewusst registriert habe. Irgendwann höre ich von allein wieder auf zu beten, und dann weiß ich: Jetzt ist es in Ordnung, ich kann die Sache loslassen.

Es gehört ein gewisses Training dazu, Lasten wirklich loszulassen. Dies einzuüben dauert eine Weile, denn loslassen und Gott vertrauen fällt Lastenträgern zunächst nicht leicht. Der „alte Mensch" misstraut Gottes Macht. Man ist es einfach gewohnt, nach einem Gebet die Last doch wieder selbst aufzunehmen und zu tragen. Eine Lernhilfe können kleine Gebetsgruppen sein, in denen man miteinander lernt auf Gott zu hören und Lasten ganz loszulassen.

Für hochsensible Lastenträger ist es wichtig zu unterscheiden, welche der gegenwärtigen Lasten ihnen von Gott zur Fürbitte auferlegt werden und welche Lasten sie sich, mitsamt der Verpflichtung zur Lösung, selbst aufbürden. Dies zu unterscheiden und zu bestimmten Lasten Nein zu sagen ist ein wichtiger Lernprozess, vor allem für „Retter". Die Neigung, retten zu „müssen", ist eine der größten Schwachstellen der HSL. Hier sind sie auch verführbar, denn der Widersacher Gottes kommt und will ihnen Lasten auflegen, die sie gar nicht tragen können und sollen. Immer wenn Lastenträger sich das Joch anderer Menschen selbst aufladen, ist die Gefahr groß, dass sie darunter zusammenbrechen. Sie fühlen sich schlecht, der Körper reagiert mit Verspannungen und Schmerzen und ihr Dienst wird ineffektiv. Da das „falsche" Lastentragen eine alte Gewohnheit ist, merken sie es oft zu spät. Darum brauchen HSL dringend ein gutes Unterscheidungsvermögen, um angemessen mit Lasten umzugehen. Um neue gute Maßstäbe zu entwickeln, ist der Austausch mit einer anderen Person sehr hilfreich. Dazu noch ein Beispiel von Karin:

Vor einigen Jahren wurde mir bei einer Begegnung mit einem Schlag deutlich, dass der Bruder meines Mannes total einsam war. Er war kurze Zeit zuvor in eine größere Stadt umgezogen und wohnte allein. Ich erlebte ihn als sehr unsicher, vor allem Frauen gegenüber, und dachte: *Wie soll er jemals eine Freundin kennenlernen?* Er war damals etwa 30 Jahre alt. Diese Wahrnehmung ging mir sehr zu Herzen. Ich brachte die Last zu Jesus und betete inbrünstig für ihn. Ich betete auch dafür, dass er eine Frau kennenlernen möge, und wünschte dazu, dass sie Christin sei. Er selbst war kein Christ. Einige Monate später trafen wir ihn wieder. Er hatte ein Mädel dabei, und inzwischen ist diese junge Frau Christin.

HSL können durch Fürbitte und das Hören auf den Heiligen Geist eine tiefe Vertrautheit mit Jesus entwickeln. Mehr als andere sind sie mit ihm im Gespräch. Dadurch geht es ihnen selbst besser, und Situationen und Menschen verändern sich auf ihr Gebet hin. Jedes Mal, wenn sie so erleben, wie Jesus Lasten und Schmerz mit ans Kreuz nimmt, spüren sie ganz tief, was er da getan und welch einen hohen Preis er für unsere Schuld bezahlt hat. Darum können viele Lastenträger die Erlösung Jesu tiefer schätzen als andere Christen. Sie haben das besondere Vorrecht, eine große Nähe zum Herzen Gottes zu entwickeln und seine Gegenwart und Liebe sehr tief zu spüren. Diese tiefe Vertrautheit mit Jesus ist ein innerer Halt und ein Ansporn, die Gabe anzunehmen und angemessen mit ihr umzugehen.

Ich kann mir sehr gut vorstellen, dass der Jünger Johannes hochsensibel war. In der Bibel steht, dass er einen Platz ganz dicht neben Jesus hatte. Das bedeutet, dass er sehr vertraut war mit Jesus. Später empfing er als Prophet in einer Vision eine gewaltige Offenbarung, was auch wieder typisch ist für hochsensible Personen. Wenn sie Jesus so nah sind, können sie ihren Alltag trotz aller Lasten gut und fröhlich bewältigen. Dieser Liedvers von Craig Musseau beschreibt treffend die innige Beziehung eines HSL zu Jesus:

Ich singe dir ein Liebeslied, dir, mein Jesus, dir mein Retter.
Du hast so viel für mich getan, mein Erlöser, kostbarer Jesus.
Mein Herz ist froh, denn du nennst mich ganz dein,
ich weiß keinen Ort, wo ich lieber wär',
als in deinem liebenden Arm!

Gabe der Geisterunterscheidung

In 1. Korinther 12 wird beschrieben, welche Gaben der Heilige Geist schenkt. In Vers 10 heißt es: „… einem andern prophetische Rede; einem andern die Gabe, die Geister zu unterscheiden …"

Aufgrund ihrer hohen Sensibilität nehmen viele Lastenträger es wahr, wenn Menschen oder Orte eine negative bzw. unreine Ausstrahlung haben. Nicht wenige erleben, dass sie in guten Lobpreiszeiten, wo sie Geist und Seele weit für Gott öffnen, plötzlich von unreinen sexuellen oder depressiven Gedanken oder von Zweifeln befallen werden, oder dass sie aus dem Stand auf einmal aggressiv und negativ über Gott, über Jesus und den Heiligen Geist denken. Diese Gedanken kommen wie angeflogen. Man schämt sich seiner „sündigen Regungen", bekennt sie als Schuld und kämpft dagegen an. Natürlich könnte es tatsächlich eigene Sünde sein, aber wenn diese Gedanken und Regungen eigentlich „artfremd" sind und plötzlich auftauchen, ist es eher wahrscheinlich, dass man als HSP mit der ausgeprägten geistlichen Antenne den „Geist" oder die Gedanken einer anderen Person eingefangen hat. Wenn es mir so ergeht, frage ich Jesus, wessen Gedanken ich im Augenblick empfange. Ich schaue mich um und versuche die betreffende Person zu entdecken und bete dann für sie. Natürlich spreche ich sie nicht an. Manchmal weise ich diese Gedanken auch einfach zurück oder ignoriere sie und konzentriere mich auf das laufende Programm. Eine Bekannte machte kürzlich in einer Lobpreiszeit im Gottesdienst diese Erfahrung:

> Plötzlich spüre ich Traurigkeit und Isolation. Rechts von mir sitzt ein Mann mit verschränkten Armen. Ich sehe in ihm einen kleinen verzweifelten Jungen, der nie Papas Liebe und Beachtung erhalten hat und der nun in einem inneren Gefängnis sitzt. Sein Schmerz ist mir präsent. Still segne ich ihn und bitte Jesus, sich um ihn zu kümmern. Am liebsten würde ich ihn ansprechen und fragen, ob ich für ihn beten darf, aber ich gebe das an Jesus ab. Links neben mir spüre ich einen kindlichen, frohen Geist und die Lebensfrage „Bin ich richtig?" Ich segne die Frau und konzentriere mich auf die Predigt.

In unseren Seelsorgeseminaren sprechen wir als Mitarbeiter öfter darüber, wie es uns körperlich und seelisch geht, und was wir im Geist wahrnehmen. Wenn die Teilnehmer vermehrt ganz bestimmte Lasten mitbringen, leiden wir HSL-Mitarbeiter an ähnlichen Symptomen. Der Austausch darüber entlastet uns, und wir fühlen uns angenommen und verstanden. Dann entscheiden wir, wie wir beten sollen. Das ist ein gutes Training für unsere geistliche Wahrnehmung.

Es gibt diese hohe Sensibilität auch in Bezug auf Örtlichkeiten. Vor einiger Zeit besuchten wir als Teilnehmer eines Gebetstreffens ein Gelände, das einer Organisation mit klar esoterischer Ausrichtung gehörte. In dem schön angelegten Garten gab es eine bestimmte Ausrichtung auf eine Hauptachse mit einem kleinen Wasserlauf. Das alles hatte eine besondere Bedeutung. Als wir dort entlanggingen, wählten alle Hochsensiblen spontan den Weg außerhalb dieses Bereiches, weil sie sich auf dem Mittelweg äußerst unwohl fühlten. Einige hatten sogar körperliche Symptome wie Druck und Kopfschmerzen. Wir HSP nahmen die dämonischen Mächte dort wahr und drängten unsere Gruppe dazu, diesen Ort schnell wieder zu verlassen.

Bei unseren Reisen mit den Sandfords waren wir überrascht, wie sensibel ihr Geist auf Örtlichkeiten reagiert. Als wir kurz nach der Wiedervereinigung in die neuen Bundesländer fuhren, konnten sie sagen, wo die ehemalige Grenze der DDR verlief. Im Osten spürten sie immer noch eine starke Depression auf dem Land. Sobald wir über die nicht mehr sichtbare Grenze hinweg wieder im Westen waren, seufzte John erleichtert auf. Auch wenn wir durch bestimmte Ortschaften fuhren, nahmen sie die unterschiedliche geistliche Atmosphäre wahr.

Andere Hochsensible erzählen, dass sie z. B. in ihrem Geist in einem Buchladen die esoterische Ecke spüren, bevor sie sie bewusst sehen. Auch Bilder, Kunstgegenstände, Souvenirs, Musik-CDs, sogar Kinderkassetten können eine negative Ausstrahlung haben, auf die hochsensible Kinder oder Erwachsene in ihrem Geist reagieren. Liebe HSP, wenn Sie so etwas wahrnehmen, dann sind Sie nicht „verrückt" oder überspannt, sondern es gehört zu Ihrer Gabe.

Hochsensible als Seelsorger

In Römer 12 schreibt der Apostel Paulus über die verschiedenen Dienste in einer Gemeinde. In Vers 8 heißt es: „Wer die Gabe hat, andere zu ermahnen und zu ermutigen, nutze sie" (Gute Nachricht). Dieses Ermahnen und Ermutigen umschreibt den Dienst, den wir heute mit Seelsorge bezeichnen.

Die meisten Lastenträger sind geborene Ratgeber oder Seelsorger. Sie strahlen Empathie aus und erleben es immer wieder, dass selbst fremde Menschen ihnen spontan ihr Herz ausschütten. Wenn sie diese natürliche Gabe trainieren und eine Ausbildung als Berater oder Seelsorger machen, werden sie damit einen effektiven Dienst ausüben können.

In der Seelsorge hilft eine hohe Sensibilität oft zu erspüren, wo ein Ratsuchender innerlich tatsächlich steht. Neben dem, was erzählt wird, nimmt man wahr, wie es in ihm aussieht. Wahrscheinlich ist das mit der biblischen „Gabe der Erkenntnis" gemeint. Wie soll ein Seelsorger damit umgehen? Nehmen Sie diese Wahrnehmung einfach als zusätzliche Information und hüten Sie sich, daraus vorschnell Schlüsse zu ziehen, wie der Heilungsprozess aussehen soll. Wenn man zu schnell vorgeht und die Ratsuchenden mit dieser Erkenntnis konfrontiert, werden einige blockieren oder leugnen, weil sie innerlich nicht so weit sind, die Wahrheit zu erkennen und zu akzeptieren. Andere wiederum suchen schnelle Lösungen und wollen vom Seelsorger einfach nur hören, was sie zu tun oder zu lassen haben. Diese direktive Seelsorge scheint ein schneller Weg zu sein, ist aber letztlich uneffektiv, weil die Ratsuchenden sich vom Seelsorger und seiner Gabe abhängig machen und somit unmündig bleiben. Der Seelsorger ist kein „Orakel", sondern hat die Aufgabe, seine Wahrnehmung betend zu prüfen. Wir können uns auch irren! Unter der Leitung des Heiligen Geistes müssen wir behutsam auf die Ratsuchenden eingehen und sie dahin führen, dass sie ihr eigentliches Problem und den Schlüssel zur Heilung selbst erkennen. Sie müssen innerlich überzeugt und gewonnen werden! Auf diese Weise lernen Ratsuchende, sich selbst „auf die Schliche zu kommen", auf Jesus zu hören und von ihm Antworten zu erhalten. Manchmal, wenn sehr verzagte und verzweifelte Menschen vor mir sitzen, die Gottes Stimme nicht hören können, gebe ich vielleicht einen Eindruck zur Ermutigung weiter. Das ist dann ein Geschenk Gottes, ein Türöffner, der ihnen Mut und Hoffnung für den Seelsorgeprozess gibt. Manchmal kann die Hochsensibilität sich auch als Gabe der Unterscheidung der Geister äußern, wenn man Ratsuchenden abspürt, ob sie dämonisch belastet sind. Wenn Sie als HSL-Seelsorger länger tätig sind, werden Sie sicherlich auch in diesen Bereichen wachsen und sicherer werden.

Meine Gabe ist übrigens nur in Seelsorgesituationen oder im Segnungsdienst wirksam, wo ich oft für die zu segnende Person einen konkreten Eindruck von Gott empfange und weiß, dass ich es aussprechen soll. Seitdem ich meine Gabe Gott unterstellt habe, kann ich Menschen im Alltag unbefangen begegnen.

Eine Hauptaufgabe des christlichen Seelsorgers ist es, am Leben des Ratsuchenden Anteil zu nehmen und die Person mit ihren Nöten und Fragen zu Jesus zu bringen. Römer 12,15 beschreibt: „Freut euch mit den sich Freuenden, weint mit den Weinenden." Oder: „Wenn ein Glied leidet, so leiden alle Glieder mit; oder wenn ein Glied verherrlicht wird, so freuen sich alle Glieder mit" (1. Korinther 12,26). Freude miteinander zu teilen fällt uns nicht schwer. Aber Leid teilen bedeutet, dass ich mein Herz bewusst öffne und zulasse, dass die Last der anderen zu meiner Last wird. Ich identifiziere mich mit ihnen. Das kann sich auch darin zeigen, dass ich mit ihnen weine oder stellvertretend für sie weine.

In den kleinen Gebetsgruppen in unseren Seelsorgeseminaren erleben wir das öfter. Einmal erzählte eine Frau sehr unberührt ihre furchtbare Lebensgeschichte. Sie zeigte dabei keinerlei Emotionen. Ihren tiefen Schmerz hatte sie ganz verdrängt, aber die anderen Teilnehmer nahmen ihn wahr und einige begannen zu weinen, eine Teilnehmerin schluchzte sogar laut. So wurde der verborgene Schmerz der Frau offenbar und sie konnte ihn anschauen. Als sie begann, ihn zuzulassen, konnte Jesus ihr in ihrer Not dienen. Lasten tragen kann tatsächlich bedeuten, dass man den Schmerz der anderen Person real spürt und ausdrückt.

Das Gebet ist in der Seelsorge ein wichtiges Instrument für mich. Da kommt jemand, der von Schmerz überwältigt ist. Er ist verwirrt, kann nicht mehr klar denken und nicht mehr beten. Manchmal weiß ich selbst nicht, wie ich damit fertig werden soll, außer durch konkrete Fürbitte. Wenn ich dann stellvertretend diese Lasten und Schmerzen zu Jesus trage, dann nimmt Jesus so viel davon weg, dass diese Person wieder klar denken und sich entscheiden kann, selbst mit der Last zu ihm zu gehen.

In der Seelsorge habe ich als Lastenträger einen leichteren Zugang zu anderen Gaben, die mir in bestimmten Situationen weiterhelfen. Manchmal empfange ich für eine Person Bilder oder starke innere Eindrücke oder ein Wort der Erkenntnis. Auch wenn ich meine, mich darauf verlassen zu können, überlege ich doch gründlich, ob und wie ich es äußere. Es besteht immer die Gefahr der Manipulation. Bei der Auslegung von „Bildern" und Eindrücken sollte man grundsätzlich vorsichtig sein, denn es kann sich leicht etwas aus der eigenen Seele beimischen. Darum sage ich nie: „Gott sagt das und das, und du musst jetzt diesen oder jenen Schritt gehen", sondern ich unterbreite dem Ratsuchenden meinen Eindruck zur Prüfung: „Ich habe diesen Eindruck ... – kannst du damit etwas anfangen?" Manchmal sage ich auch gar nichts, sondern nehme den Eindruck einfach als inneren Wegweiser für mich, wo das Gespräch hingehen soll. Meine Herausforderung ist es, durch gute Fragen den Ratsuchenden dahin zu bringen, das Problem selbst zu erkennen und die nächsten Schritte aus eigenem Antrieb zu gehen. Als Seelsorger haben wir die Aufgabe, Menschen mit Respekt zu behandeln und zur Mündigkeit und Selbstständigkeit zu führen, und nicht, sie von uns oder unseren geistlichen Eindrücken abhängig zu machen! Direktive Seelsorge führt nicht zu geistlicher Mündigkeit.

Früher war Seelsorge oft anstrengend für mich und kostete mich Kraft. Seitdem ich jedoch entdeckt habe, wie ich Menschen mit ihren Problemen zu Jesus bringen kann, und dass Jesus ihnen gerne begegnet und er ihnen die notwendigen Schritte zeigt, macht es mir große Freude und belastet mich kaum noch. Ich schaffe den Rahmen und leite das Gespräch. Aber dann ist es für mich selbst interessant und entspannend, wenn Ratsuchende mit tiefen Nöten Jesus begegnen und er auf sehr kreative Weise ihre eigentlichen Probleme aufzeigt und mit ihnen die Schritte der Heilung geht. Nach diesen Beratungen bin ich selbst geistlich beschenkt und erfrischt. Ich denke, so ähnlich müssen die Jünger Jesus nach der Speisung der Fünftausend empfunden haben. Sie gaben Jesus alles, was sie hatten, fünf Brote und zwei Fische, und erlebten, dass davon alle satt wurden und am Ende zwölf Körbe voll für sie übrig blieben. So fühle auch ich mich in der Seelsorge oft von Jesus überreich beschenkt.

Lobpreis und Anbetung

Wenn Hochsensible Gottes Liebe und Annahme geschmeckt haben, wollen sie unbedingt mit Jesus in Beziehung bleiben und ihm ihre Liebe ausdrücken. Viele finden große Freude und Erfüllung darin, Gott mit Liedern anzubeten. Ihm zu singen und zu spielen ist ihnen ein Herzensanliegen. So kommen sie zur Ruhe und tanken emotional und geistlich auf. Sind sie musikalisch begabt und spielen sie ein Instrument, dann können sie andere gut mit hineinnehmen in die Anbetung Gottes. Sind sie jedoch nicht heil und befreit, spiegelt oft auch ihr Lobpreis die eigene Lebenslast und ihre innere Unausgeglichenheit wieder. Aber wenn sie innerlich heil sind und eine Anbetungszeit leiten, können sie eine Gruppe Schritt für Schritt in tiefe Anbetung führen. Ihr Lobpreis ist abholend, mitnehmend, lebendig, erfrischend. Sie kennen Gott persönlich, sie leben in Gemeinschaft mit ihm, und es ist ihre größte Freude, andere mit hineinzunehmen in diese intime Beziehung zum Vater.

Barmherzigkeitsdienste

Eine weitere Gabe, die Paulus in Römer 12 aufführt, ist Barmherzigkeit. „Übt jemand Barmherzigkeit, so tue er's gern" (Vers 8).

Lastenträger haben ein Herz für Menschen mit großen und kleinen Nöten. Schon als Kind habe ich mit großem Mitgefühl reagiert, wenn ich eine Not sah. Traf ich auf der Straße eine Omi mit einer schweren Tasche, trug ich ihr die Tasche nach Hause. Als junge Mutter hatte ich einmal alle Kinder im Auto und war in Eile, als ich eine alte Frau bemerkte, die vom Einkauf kam und nur mühsam gehen konnte. Ich hielt an und brachte sie nach Hause. Als junge Familie nahmen wir auch immer wieder einmal für eine gewisse Zeit jemanden bei uns auf. Ich war jederzeit bereit, Menschen in Not zu dienen. Als Teenager träumte ich davon, Kinderkrankenschwester zu werden. Wegen einer Allergie wurde nichts daraus. Damals habe ich das sehr bedauert, aber heute bin ich dankbar dafür, denn in diesem Beruf hätte ich mich als Lastenträger verausgabt. Gott wusste das wohl. Ich lernte dann hauswirtschaftliche Betriebsleiterin und Fachberaterin und wurde Lehrerin. Diese Ausbildung war genau richtig für meine große Familie und meine heutigen Dienste.

Viele Gründer und Mitarbeiter von „Barmherzigkeitsdiensten" sind hochsensibel. Wahrscheinlich setzen die meisten HSL ihre Gabe ehrenamtlich in diesem Bereich ein oder sie wählen einen Beruf, in dem sie Barmherzigkeit üben und dienen, sich entwickeln und sinnvoll tätig sein können. Menschen zu helfen bedeutet ihnen sehr viel, und bei diesen Tätigkeiten erleben sie, dass ihr Dienst effektiv und ihr Leben sinnvoll ist. Dafür erwarten sie meist weder Geld noch eine finanzielle Entschädigung. Sie haben kein Problem, mit einem Minimum auszukommen, denn sie tun ja, was ihnen Spaß macht, und sind darin erfolgreich. Dafür können sie doch nichts verlangen! Das Gefühl, sinnvoll geholfen zu haben, ist ihnen Belohnung genug, und wenn die Gruppe oder Gemeinde einen guten Ruf hat, ist ihnen ihre Zugehörigkeit dazu ein zusätzlicher Ansporn.

Aus der jüngeren Vergangenheit gibt es ein weltbekanntes Beispiel für die Ausstrahlung eines Barmherzigkeitsdienstes. Wir nennen ihn hier stellvertretend für viele tausend ähnliche Dienste: Mutter Teresa hatte sich aus Liebe zu Jesus dazu entschieden, den Ärmsten der Armen in Kalkutta zu dienen. Über viele Jahre tat sie dies mit großer Treue und Hingabe, unbeachtet von den Medien und der Öffentlichkeit. Auch nachdem sie den Nobelpreis erhalten hatte und weltbekannt war, legte sie keinen Wert auf menschliche Ehre. Sie blieb sich selbst treu und diente weiterhin in großer Bescheidenheit. Sie nahm auch kein Blatt vor den Mund, sondern konfrontierte die westlichen Gesellschaften immer wieder mit deren Doppelmoral. Aufgrund ihres persönlichen Lebenswandels gestand man ihr die Autorität dafür zu und begegnete ihr weiterhin mit Respekt.

Bemerkenswert ist auch, wie sie immer wieder betonte, was Jesus ihr bedeutete und wo und wie sie Jesus begegnete, wie er zu ihr redete. Diese Nähe und Liebe zu Jesus ist typisch für HSL. Als ich (Dirk) vor einigen Jahren in Kalkutta war und das Haus ihres Ordens besuchte, wo auch ihr Grabmal steht, war ich beeindruckt von dem wunderbaren Geist, der dort herrschte. Es hob sich so wohltuend von der Hektik, dem Schmutz und den Götzentempeln der Stadt ab. Ich empfand: Hier berührte der Himmel die Erde. Dieser Dienst zeigt beispielhaft, welch gewaltigen Einfluss Lastenträger auf eine Gesellschaft nehmen können, wenn sie sich Gott gehorsam hingeben. Innerlich heile Lastenträger haben eine stille Stärke, die viele Hindernisse überwinden kann und Leben schafft, wo der Tod herrscht.

Prophetische Begabung

Über die Gabe der Prophetie lesen wir einiges bei Paulus. In Römer 12,6 schreibt er: „Ist jemand prophetische Rede gegeben, so übe er sie dem Glauben gemäß", in 1. Korinther 14,3–5 und 31–32: „Wer aber prophetisch redet, der redet den Menschen zur Erbauung und zur Ermahnung und zur Tröstung. Wer in Zungen redet, der erbaut sich selbst; wer aber prophetisch redet, der erbaut die Gemeinde. Ich wollte, dass ihr alle in Zungen reden könntet; aber noch viel mehr, dass ihr prophetisch reden könntet. [...] Ihr könnt alle prophetisch reden, doch einer nach dem andern, damit alle lernen und alle ermahnt werden. Die Geister der Propheten sind den Propheten untertan."

Wir haben oft beobachtet und erlebt, dass hochsensible Lastenträger „Worte der Erkenntnis" hatten, die ins Schwarze trafen. Auch das „Wissen" um den Herzenszustand einer anderen Person gehört in den Bereich des Prophetischen. Und wie lassen sich meine unerklärbaren Stimmungen und Schmerzen vor bestimmten Seelsorgegesprächen einordnen? Und warum nehmen bei wichtigen Entscheidungen Lastenträger leichter eine warnende innere Stimme wahr? Auch die Fürbitte für die von Sünde Gequälten und Zerschlagenen finden wir bei einigen Propheten der Bibel. Etliche HSL sind außerdem vertraut mit dem stellvertretenden Lastentragen und Leiden der Propheten, wie es im Alten Testament beschrieben wird.

Wir möchten hier noch einen weiteren Gesichtspunkt einbringen: In Deutschland sind die prophetische Gabe und das prophetische Amt nur schwach entwickelt. Diese Gaben bzw. Ämter wurden lange vernachlässigt oder sogar unterdrückt und geächtet, obwohl sie für den Aufbau des Leibes Christi unbedingt notwendig sind. Wir dürfen Epheser 4,11–16 nicht ignorieren: Apostel, Propheten, Hirten und Lehrer sind nötig, damit die Gemeinde zur Reife kommt. Es ist eine bekannte Strategie Satans: Wenn er die Berufenen in Verruf bringen kann, wird ihre Gabe unwirksam.

Wir glauben, dass (neben anderen) eine Ursache für den Mangel an Propheten sein kann, dass viele potenzielle Propheten in ihrer Kindheit als HSP abgelehnt, verletzt, unterdrückt und missachtet wurden, weil sie nicht in das allgemeine Schema passten.

Sie nahmen Schaden in ihrer Seele und Persönlichkeit und leiden nun unter Minderwertigkeitsgefühlen und emotionaler Unausgewogenheit. Sie misstrauen sich selbst und ihren Fähigkeiten und sind sehr zurückhaltend. Wenn sie etwas in ihrem Geist empfangen, aber ihre Seele nicht geheilt ist, mischt sich viel Seelisches, Menschliches mit hinein. So begehen sie leicht Fehler, die sie in Misskredit bringen. Sie sind schwer einzuordnen und stellen ein Risiko dar. Darum finden sie wenig Verständnis bei den sachlichen, rational geprägten „Kopfmenschen", die in den christlichen Gemeinden meist das Sagen haben und nach deren Ansicht diese verletzten, intuitiven „Herzmenschen" nur Probleme mitbringen. Wenn man ihnen jedoch mit Verständnis begegnet, ihnen innere Heilung und ein gutes Training angedeihen lässt und dann einen angemessenen Rahmen gibt, kann sich ihre prophetische Gabe zum Wohl aller entfalten.

Wie können HSL in den Gemeinden ihren Platz finden und mit ihren Gaben, auch der prophetischen, dienen? Diese Schritte wären hilfreich:

► Buße tun über Verachtung dieser Menschen, ihrer Gabe und ihrer Wahrnehmungen (gegebenenfalls Buße über eine falsche oder angstgeleitete, kontrollierende Theologie)

► Lastenträgern innere Heilung vermitteln

► Lastenträgern helfen, sich selbst zu verstehen

► Lastenträger trainieren, u. a. indem man ihnen vertraut und ihnen liebevolle Korrektur gibt (das bedeutet für sie gleichzeitig Wiedergutmachung der erlebten Ablehnung)

► einen festen Rahmen schaffen, innerhalb dessen hochsensible Lastenträger ihre Gabe ausüben können

Um es klar zu sagen: Nicht jeder HSL hat die Berufung zum Prophetendienst, und nicht jeder Prophet ist ein HSL, aber wir denken, dass hier in den Gemeinden viel unentdecktes Potenzial schlummert. Prophetisches Reden soll nicht verwehrt werden. Es gehört in eine Gemeinde hinein. 1. Korinther 14,3–5 und Römer 12 sprechen sehr klar darüber. Aber man muss damit umgehen können!

Um Missverständnissen und Problemen vorzubeugen, möchten wir hier das Thema „geistliche Eindrücke und Prophetie in der christlichen Gemeinde" kurz vertiefen, auch wenn wir damit das eigentliche Thema des Buches verlassen.

Exkurs: Umgang mit Eindrücken/Prophetien

Viele Lastenträger nehmen schnell etwas wahr. Aber das Weitergeben von Eindrücken oder Prophetien ist nicht ungefährlich; man kann sich selbst und andere dabei schnell und tief verletzen. Darum gehen wir hier kurz darauf ein, was Lastenträger wissen und beachten sollten, wenn sie eine „Botschaft" oder einen „Eindruck" empfangen, und wie Gemeinden mit dieser Gabe angemessen umgehen können.

Alle prophetisch Begabten sind unvollkommen und machen Fehler. Auch Leute mit anderen Gaben machen Fehler; das muss erlaubt sein! Liebevolle, weise Korrektur ist immer nötig, damit sich eine Gabe gesund entwickelt und entfaltet. Ein Gabenträger darf nicht dafür verurteilt werden, dass er diese besondere Gabe hat, aber die Gabe muss geschärft werden, damit sie effektiver wird und keinen Schaden anrichtet. Jemand, der öfter einen Eindruck oder eine Prophetie weitergibt, sollte geübt sein zu unterscheiden, was die eigentliche Wahrnehmung ist und wo seine Interpretation der Wahrnehmung beginnt. Es wird viel Unheil angerichtet, wenn die Interpretation der Wahrnehmung gleichgesetzt wird.

Für einige Lastenträger besteht die Gefahr, dass sie ihrer Wahrnehmung zu viel Aufmerksamkeit widmen und sich etwas darauf einbilden, dass sie mehr wissen als andere. Damit versuchen sie unbewusst, ihre Minderwertigkeitsgefühle zu kompensieren. Oft geschieht es auch, dass Lastenträger etwas spüren und dann ihre Gefühle die Herrschaft übernehmen und sie zu bestimmten Aktionen verleiten. Dann agieren sie jedoch aus der Seele, nicht mehr nach Anleitung des Heiligen Geistes, und werden ineffektiv. Ohne Heilung der eigenen seelischen Verletzungen besteht auch immer die große Gefahr, dass alte eigene Ängste und Befürchtungen eine Wahrnehmung initiieren oder einfärben. Was bedeutet das? Nehmen wir zum Beispiel eine HSL-Person, die in der Kindheit emotional oder sexuell missbraucht wurde. In ähnlichen Umständen oder wenn sie bestimmte Verhaltensweisen bei anderen sieht, besteht die Gefahr, dass die Erinnerung an ihr eigenes Erleben geweckt wird und sie deshalb anderen Missbrauch unterstellt. In einigen Fällen mag sie Recht haben, weil sie für diesen Bereich einfach eine feine Wahrnehmung hat. Aber stellen Sie sich vor, was passiert, wenn man Unschuldige der sexuellen Unreinheit bezichtigt! Darum sollten HSL ihrer eigenen Wahrnehmung immer mit einer gesunden Portion Misstrauen begegnen, denn es kann sein, dass sie aufgrund ihrer eigenen Verletzung „übertragen" und das Verhalten anderer verkehrt deuten.

Es ist gefährlich, wenn Christen ihre Wahrnehmungen und ihre Gefühle grundsätzlich als Reden des Heiligen Geistes verstehen. Wir müssen unsere Gefühle kennen, sie beachten und in der Lage sein, sie richtig einzuordnen. Wenn wir ihnen blind folgen, können wir die Wahrheit Gottes nicht mehr erkennen und sind nicht mehr ausgewogen. Darum muss die prophetische Gabe gereinigt und geheiligt werden, damit man so handeln kann, wie Jesus es möchte, und nicht, wie die Gefühle es im Augenblick diktieren. Vor jeder Aktion sollte man innehalten und fragen, was Gott jetzt möchte. Besonders sollte man sich hüten, mit seiner Gabe andere zu einem bestimmten Verhalten zu drängen oder sie zu manipulieren. Wir unterscheiden drei Ebenen, die wir unterschiedlich gewichten:

1. Ein Eindruck

Die einfachste Ebene bzw. die bekannteste Art ist der „geistliche Eindruck". Man kann einen Eindruck empfangen, der vielleicht diffus ist oder sich nach und nach herausbildet und klarer wird, je mehr man über eine Sache nachdenkt oder je mehr Informationen man empfängt.

2. Das Wort der Erkenntnis

Ein Wort der Erkenntnis kommt klarer, schärfer, überraschender als ein Eindruck. Es fällt einem spontan zu und gibt Klarheit für eine bestimmte Situation. Bekannt ist es auch als „Wort der Weisheit", wenn es eine gute Lösung für ein bestimmtes Problem aufzeigt.

Diese beiden Ebenen kommen unspektakulär in vielen Gemeinden und Gruppen vor. Anders ist es mit der dritten Ebene:

3. Das prophetische Wort oder die Prophetie

Diese hat große Klarheit, ist aufdeckend oder auch zukunftsweisend. Der Redner spricht oft ohne Vorwissen oder ohne Zusammenhänge zu kennen. Manchmal ist klar, was er meint, ein anderes Mal ist Auslegung nötig oder Beratung und Gebet, um gemeinsam herauszufinden, was der Heilige Geist sagen will. Manche Predigten haben prophetischen Charakter oder prophetische Elemente. Die Zuhörer fühlen sich auf spezielle Weise von Gott persönlich angesprochen, getröstet, ermutigt oder überführt.

Wahrnehmungen oder Eindrücke können vom Heiligen Geist sein, aber die folgenden Faktoren sind auch dabei beteiligt und sollten bei der Bewertung oder Interpretation einer Wahrnehmung immer berücksichtigt werden. Das ist manchmal lästig, aber sehr wichtig, um Schaden zu vermeiden.

▶ Die eigene aktuelle seelische Befindlichkeit. Ist man entspannt oder angespannt, krank, müde, enttäuscht, bitter, selbst verletzt? – All das wird sich auf die Wahrnehmung und die Interpretation auswirken.

▶ Bekannte, aber vergessene Informationen, die sich aus dem Unterbewussten zu einem Eindruck oder Bild kristallisieren. Das ist nicht immer Reden Gottes, vielmehr wird eine bestimmte Wahrheit oder ein bestimmter Zusammenhang intuitiv erfasst und nicht über logisches Denken. Auch so kann ein Wort der Weisheit entstehen.

▶ Bei Menschen mit einem reichen Gefühlsleben ist die Seele stark beteiligt an geistlichen Eindrücken. Oft drückt ihr Eindruck oder sogenanntes „Wort vom Herrn" einfach nur aus, was ihre Seele gerade empfindet und sich wünscht. Wenn man sie länger kennt, stellt man fest, dass sich bei ihnen bestimmte Botschaften wiederholen. In ähnlichen Umständen haben sie immer ähnliche Eindrücke. Hier redet oft nicht der Geist Gottes, sondern die eigenen Gefühle und Wünsche.

▶ Manche Eindrücke sind rein seelisch. Sie entspringen einer persönlichen Unsicherheit und sollen auf sicheren Boden führen. Bei einer uns bekannten Gemeinde gab es öfter zu Beginn des Gottesdienstes den „Eindruck", es wäre dran, an diesem Sonntag die Predigt ausfallen zu lassen und nur füreinander zu beten. Diese Gruppe hatte nur sehr unsichere Prediger, und diese Schwäche wurde auf die Weise geistlich verbrämt. Interessanterweise hatte nie jemand den Eindruck, dass an einem Sonntag statt Lobpreis und Gebet gesundes Bibelstudium dran wäre. Das wäre öfter mal nötig gewesen!

▶ Hochsensible Lastenträger haben Anlagen zur Prophetie, sie sind sehr empathisch, empfangen leicht Eindrücke, sind jedoch oft auch verletzt und verurteilend, weil sie hohe Maßstäbe anlegen. Aber wenn sie sich minderwertig und unsicher fühlen, können sie „Eindrücke" missbrauchen, um ihre Schwäche zu kompensieren. Der Wunsch nach Bedeutsamkeit steigert sich mitunter bis zu einem falschen Sendungsbewusstsein.

▶ Manche geben Eindrücke ihrer Seele als prophetisches Reden aus, weil sie eigene Wünsche und Träume verwirklicht sehen wollen. So etwas ist höchst manipulativ.

▶ Der Erwartungsdruck durch andere Menschen oder eine Gruppe kann eine bestimmte Botschaft hervorlocken oder das Reden Gottes verfälschen. Davor sind auch echte Propheten nicht sicher. Zum Beispiel wird bei ernsten Krankheiten gerne prophezeit, dass der Kranke nicht sterben würde, aber er stirbt dann doch.

▶ Oft muss prophetisches Reden umbetet und richtig gedeutet werden. Man muss Gott weiter suchen, um Klarheit zu gewinnen, wie etwas gemeint ist. Wir müssen sehr vorsichtig sein bei allen Zusätzen und Auslegungen zu geistlichen Eindrücken.

Ein weiterer Schwachpunkt ist die Art und Weise, wann und wie eine Botschaft ausgesprochen wird. Wir meinen, dass vor dem Überbringen einer wichtigen Botschaft folgende Prüfungen nötig sind:

► Oft ist ein Eindruck nur Gottes Aufforderung zur persönlichen Fürbitte und nicht mehr. Deshalb muss man fragen, ob und wo man ihn mitteilen soll. Die meisten Eindrücke sind nur für die Fürbitte!

► Geben Sie einen Eindruck zwei- bis dreimal wieder ab an Gott. Wenn er dann verblasst, war es wahrscheinlich nur Ihre erregte Seele.

► Wenn man einer Person oder einer Gruppe etwas Schwerwiegendes zu sagen hat, dann bittet man vorher ein oder zwei andere Personen, die Botschaft zu checken. Beten Sie miteinander dafür und prüfen Sie gemeinsam, ob es vom Herrn ist.

► Bevor Sie etwas aussprechen, fragen Sie Gott oder Freunde: Was soll ich genau sagen, wann soll ich es sagen, wie soll ich es sagen? Beachten Sie die Ordnung der Gemeinde dazu. Doppelte Vorsicht ist geboten, wenn man eine Botschaft an einen Leiter hat. Prophetische Worte an eine Gemeinde sollten vorher mit dem Pastor oder den Ältesten abgesprochen werden. Jeder Prophet oder prophetisch Redende untersteht der örtlichen Gemeindeleitung und nicht umgekehrt.

► Bei manchen Botschaften können ein, zwei oder noch mehr Jahre vergehen, bis Gott erlaubt, sie auszusprechen.

► Für das Weitergeben eines Eindrucks oder einer Prophetie gibt es leider auch schlechte Leitbilder, an denen sich viele orientieren. Wir halten nicht viel von den folgenden Formulierungen, weil sie manipulativ sind: „Der Herr hat mir gezeigt …", „So spricht der Herr …" – oder von dieser, denn sie ist verurteilend und drohend wie ein alter Gerichtsprophet: „Wenn du nicht …, dann wird Gott …!"

Im Neuen Testament lesen wir, dass uns Gottes Güte zur Umkehr bringt. Gott überwindet unseren Widerstand mit Güte und gewinnt uns mit seiner Liebe. Darum reden Sie liebevoll und gewinnend, nicht mit Druck und Drohen, selbst wenn Sie etwas sehr Ernstes sagen müssen. Sie müssen der anderen Person danach weiterhin frei begegnen können. Sie können gerne sagen: „Ich habe den Eindruck, dass … Kannst du damit etwas anfangen?" So begegnen Sie einer Person mit Respekt und lassen ihr die Freiheit zur Entscheidung. Wenn Sie eine Botschaft ausgerichtet haben, haben Sie Ihren Teil getan. Es ist dann nicht Ihr Job zu kontrollieren, ob die andere Person jetzt richtig reagiert. Lassen Sie sie los, und beten Sie für sie.

Wenn möglich, schreiben Sie die Botschaft auf. Geschrieben wirkt manches anders. Dann kann man es besser prüfen und gegebenenfalls korrigieren. Eine geschriebene Botschaft ist eindeutig. Falls es Probleme mit dem Verständnis gibt, ist schnell zu klären, was gesagt wurde. Keiner kann sich herausreden: „Ich habe es aber so und so gemeint", oder: „Ich habe es so und so verstanden."

Beachten Sie auch die verschiedenen Autoritäts- oder Berufungsebenen. Römer 12,3ff sagt, es soll nach dem Maß des Glaubens geschehen. Beim Fußball würde man fragen: In welcher Liga spielen Sie? Bleiben Sie in Ihrer „Liga", übernehmen Sie sich nicht! Sie können im Dienst wachsen, und Gott wird Ihnen mehr anvertrauen, wenn Sie im Kleinen treu gewesen sind.

Wir möchten folgende Ebenen von geistgeschenkten Eindrücken unterscheiden. Je höher die Ebene (Liga), umso größer ist die Verantwortung, damit angemessen umzugehen.

1. Persönlich: Das sind Eindrücke oder Erkenntnisse in der Seelsorge oder bei Beratungen.

2. Gemeinde: Das Weitergeben geistlicher Eindrücke sollte in der Gemeindeordnung geregelt sein.

3. Land bzw. Leib Christi (überkonfessionell): Hier gibt es etliche berufene und anerkannte Propheten.

4. Gesellschaft: Auf dieser Ebene decken Propheten Missstände auf und vertreten Gottes Maßstäbe durch ihre Veröffentlichungen. Manche haben Kontakte auf politischer Ebene. Sie zeichnen sich aus durch Wissen, Werte und Weisheit.

Was tun Sie, wenn jemand zu Ihnen kommt und sagt: „Ich habe ein Wort für dich …"? Jeder Empfänger hat das Recht und die

Pflicht, eine Aussage zu prüfen und nicht einfach zu übernehmen. Das würde der Manipulation Tür und Tor öffnen. Machen Sie sich nicht abhängig von Propheten und dem, was sie sagen! Das führt schnell zu einer falschen seelischen Abhängigkeit und entmündigt. „Prüfet alles, und das Gute behaltet." In einer bestimmten Gemeinde wurden Ehen durch prophetische Worte eingefädelt, was in der Katastrophe endete. – Die Verantwortung für Ihre Entscheidungen und Ihr Leben tragen Sie selbst!

Eine Botschaft ist in Ordnung, wenn sie bestätigt, was Sie bereits ahnen oder im Herzen bewegen. Gott ermutigt Sie, dem nachzugehen, oder die Botschaft überführt Sie, und Sie wissen, dass es stimmt.

Wenn eine Botschaft danebenliegt, dann nehmen Sie sie nicht an, aber sagen Sie das dem Botschafter nach Möglichkeit. Jeder Prophet kann sich irren, selbst wenn er als Prophet anerkannt ist.

Tipps für Gemeinden

Nach dem Neuen Testament ist es Aufgabe der Gemeinde, prophetische Gaben zu fördern oder zumindest das prophetische Reden nicht zu verwehren (1. Korinther 14,3–5). Eine Gemeinde könnte zum Beispiel prüfen, welche Personen hochsensibel sind oder die Gabe haben, leicht Eindrücke von Gott zu empfangen. Danach sollte gesehen werden, ob diese Leute emotional und geistlich gesund sind oder innere Heilung oder andere Hilfe brauchen, um in ihrer Persönlichkeit und Gabe zu reifen. Derartig begabte Personen müssen sich selbst und ihre Schwächen kennen.

Aber wir dürfen nicht vergessen: Alle prophetisch Begabten sind unvollkommen. Sie werden Fehler machen. Das muss erlaubt sein und es muss liebevolle, weise Korrektur geben. Es bedeutet aber auch, dass Gemeinden Raum schaffen sollten zum Einüben der Gabe (Empfangen, Weitergeben und Korrektur), zum Beispiel im Seelsorgekreis, in Gebets- und Fürbittegruppen oder in bestimmten Hauskreisen.

Um Konflikte und Unruhe zu vermeiden, sollte in einer Gemeindeordnung oder Ähnlichem das Prozedere festgelegt werden, wie man mit geistlichen Eindrücken oder Prophetien umgeht. Wie sollen sie weitergegeben werden? Auf der persönlichen Ebene, für die Gemeinde, im Gottesdienst oder wie sonst? Wer in der Gemeindeleitung ist Ansprechpartner oder Mentor für diesen Bereich?

Im Umgang mit prophetisch begabten Leuten oder bekannten „Reisepropheten" ist ferner zu beachten: Egal wie interessant und zutreffend ihre Botschaften sind, man sollte sie nie auf einen Sockel stellen. Die Gabe der Prophetie ist eine Gabe unter anderen! Diese Menschen müssen der Leitung untergeordnet bleiben, denn die Leitung trägt vor Gott die Verantwortung für die Gemeinde und für das, was dort geschieht. Gabe und Gabenträger dürfen sich nicht verselbstständigen und in Unabhängigkeit begeben, weil dann die Gefahr der Manipulation und des Machtmissbrauchs sehr groß ist und das, was zum Segen gedacht war, sich zerstörerisch auswirkt.

Kapitel 8

Zu guter Letzt ...

Zum Schluss möchten wir den persönlichen Bericht von Georg abdrucken. Er hatte von unserem Buchprojekt gehört und uns daraufhin geschrieben. Seine Erfahrung als hochsensibler Lastenträger ist eine anschauliche Zusammenfassung des Buches und er bringt manche Themen noch einmal gut auf den Punkt. Diesen Bericht haben wir bewusst angehängt, um den HSL (und anderen neugierigen Lesern) entgegenzukommen, die gerne hinten in einem Buch nachschauen, wie es ausgeht. Wer also die Geschichte von Georg als Erstes liest, versteht, worum es in diesem Buch geht, und wird entweder neugierig auf den Inhalt oder weiß, dass dieses Buch nicht sein Thema ist.

Eine Entscheidung für ein Leben mit Jesus Christus traf ich mit 14 Jahren. Als 19-Jähriger machte ich eine starke Erfahrung mit dem Heiligen Geist und arbeitete danach einige Jahre im Bereich Kinder- und Jugendarbeit. Mit vierundzwanzig ging ich für drei Monate zu einer Bibelschule. In meiner jetzigen Gemeinde leite ich seit zwei Jahren unser Segnungsteam. Besondere Gaben, die Gott mir gegeben hat, sind: Barmherzigkeit, Fürbitte, prophetische Begabung und ein pastorales Herz. Ich bin jemand, der Menschen liebt und ihnen in ihrer Not beistehen möchte. Es ist mir wichtig, sie auszubilden und zu fördern.

Aufgewachsen bin ich in einer gläubigen Familie. In der Kindheit war ich ein Lausebengel, wie er im Buche steht. Als Teenager kam dann eine Veränderung. Ich wurde sehr ruhig und empfindsam für Nöte, besonders als meine Mutter in dieser Zeit schwer erkrankte. Da ich in meinem Vater, der viel arbeitete, keinen Ansprechpartner fand, dem ich meine Gefühle und Nöte mitteilen konnte, entwickelte ich mich zu einem einsamen Lastenträger. Als wir in dieser Zeit umzogen, wurde ich fast zum Einzelgänger. Ich merkte immer deutlicher, dass ich anders empfand und dachte als meine Klassenkameraden. In vielem hatte ich andere Ansichten, die ich auch freimütig äußerte. Das brachte mir manchmal Zorn und Wut ein, aber auch Bewunderung. Doch seit dieser Zeit fühlte ich mich als jemand, der einfach anders ist. Es war nicht immer leicht für mich, mich selbst zu verstehen. Freunde wählte ich sehr sorgfältig aus. Ich hatte wenige, aber dafür gute Freunde.

Da mein Vater selber keinen richtigen Vater gehabt hatte, konnte er kaum Liebe weitergeben. Auch meine Mutter litt unter der falschen Behandlung durch meinen Vater. In der Teenagerzeit brachte mich mein starker Gerechtigkeitssinn sehr gegen meinen Vater auf. Der Grund war, dass ich das Leid meiner Mutter so mitempfand. Ich reagierte, indem ich als Richter und Besserwisser auftrat. Das ist zwar verständlich, aber ich muss sagen, dass dieses Verurteilen Sünde war und ein Tor für dämonische Kräfte öffnete, von denen ich später Befreiung brauchte.

Schon kurz nach meiner Erfahrung mit dem Heiligen Geist gab Gott mir das Verlangen, Menschen durch Beistand, Gebet und das Wort Gottes zu dienen. Vielen fällt es leicht, ihr Herz bei mir auszuschütten und so zu sein, wie sie wirklich sind, denn ich bin ein sehr einfühlsamer Mensch. Öfter sprechen mich Menschen einfach an und erzählen mir von ihrer Not. Vor einigen Jahren begab ich mich in einen Seelsorgeprozess zur Aufarbeitung meines Lebens. Das ist für mich gleichzeitig eine Schulung im Bereich Seelsorge. Sie hilft mir, anderen Menschen besser dienen zu können.

Ich merke immer wieder, wie sehr Menschen berührt werden, wenn man durch sensibles Mitempfinden sehen und verstehen kann, wie es ihnen geht, und sie in netter Weise darauf anspricht. Manchmal ist das für einen männlichen Lastenträger gefährlich, denn auf Frauen hat dies eine ganz spezielle Wirkung. Ich habe da schon manchen Korb geben müssen. In einem zwanglosen Gespräch werden Frauen durch mein aufmerksames Zuhören und das tiefe Mitempfinden im Herzen sehr berührt. Endlich haben sie ein männliches Gegenüber, das sie so richtig versteht! Eine gute Freundin sagte mir einmal: „Georg, du bist einfach zu nett, und du musst aufpassen, dass das, was du sagst und tust, nicht missverstanden wird."

Während der Kurzbibelschule übernahm ich die Verantwortung für eine Kleingruppe. Zu dieser Gruppe gehörte eine sehr hübsche Frau, die jedoch viele Persönlichkeitsprobleme hatte, bis hin zu einer Persönlichkeitsspaltung. Da wir auch zusammen in einer WG wohnten, sahen und unterhielten wir uns öfter zwanglos. Ohne dass sie mir viel erzählt hätte, konnte ich manche Bereiche erspüren, die bei ihr nicht stimmig waren. Sie hatte innerlich sehr viel Not und Schmerz. Dies berührte meine Seele so sehr, dass ich ihr helfen wollte. Daraufhin verliebte sie sich recht schnell in mich und war dann mehr daran interessiert, mich zu besitzen, als ihre Probleme zu lösen. Dies brachte mich in einen tiefen Zwiespalt, da meine Seele nun einen Kurs steuern wollte, den mein Geist verneinte. Diese Zerrissenheit wurde so stark, dass ich das Gebet von Pastoren in Anspruch nahm. Sie beteten für eine Freisetzung meiner Seele und meiner Gefühle von dieser Frau und um eine Stärkung meines Geistes, der die weitere Richtung bestimmen und die Nöte richtig einordnen kann. Als ich dann die Last dieser Frau auf Jesus legte und ihn als den Erlöser für sie erklärte, war ich frei von ihr.

Ich merke immer wieder, wie sehr meine Seele durch das Wahrnehmen des Zustandes anderer Personen beeinflusst wird. Besonders wenn es mir gesundheitlich nicht gut geht, empfinde ich es oft so, als ob ich keinen Schutzschild hätte und die Stimmung anderer Menschen teilweise ungebremst in mich hineingehe. Darum ist ein ausgewogener Lebensstil für mich ein Muss geworden. Insbesondere benötige ich in meinem Umfeld Menschen, die ich als gesund und ausgeglichen empfinde. Es ist für mich ein Lernprozess, aber ich empfinde es als großen Vorteil, wenn ein HSL gute Freunde hat, die den inneren Zustand wahrnehmen und öfter nachfragen, ob man mal wieder irgendeine fremde Last aufgabelt hat.

Es ist nicht unbedingt ein Segen, wenn man eine Atmosphäre in einem Raum oder die Stimmung einer einzelnen Person so sehr empfinden kann. Bei meinem letzten Predigtdienst habe ich darum bewusst eine Gruppe von Betern mitgenommen, da ich zum ersten Mal in dieser Gemeinde sprach. Ein Lastenträger scheint ein „Gerät" zu haben, das genau Ablehnung,

Unglaube, Bedrückung oder dämonische Kräfte empfängt und verstärkt weitergibt. Um von den negativen Einflüssen nicht erschlagen zu werden, benötige ich eine Art Schutzraum durch gute Freunde und Beter. Aber es ist auch eine Information für mich, damit ich genau in diese Bereiche hinein beten oder diese Dinge prophetisch aufdecken kann.

Wie wertvoll diese Gabe sein kann, erlebte ich einmal in meinem Beruf, als es um ein sehr großes Bauprojekt ging. Mein Chef stellte mir den neuen Auftraggeber für dieses Bauvorhaben vor, einen hochgewachsenen Mann mit beeindruckendem Auftreten. Sein Auftrag würde unserem Büro viel Geld einbringen. Mein Chef und die Ingenieure waren begeistert, aber nachdem ich diesem Mann die Hand gegeben hatte und er gegangen war, wurde ich das Empfinden nicht los, dass wir ihm nicht trauen sollten. Leider wusste ich zu diesem Zeitpunkt noch nicht um meine spezielle Gabe, und so schwieg ich. Dieser Mann war tatsächlich ein Betrüger und stürzte unser Büro in große finanzielle Schwierigkeiten, sodass sogar Mitarbeiter entlassen werden mussten. Heute würde ich mit meinem Chef sprechen, egal ob er es verstehen würde oder nicht.

Die starke Wahrnehmung von Nöten und Zuständen in Menschen kann auch zu Spannungen im Berufsleben führen. So sind für mich Menschen immer wichtiger als das Ziel oder der Erfolg einer Sache. Einmal gehörte zu meinem Team eine Mitarbeiterin, die sehr große Not mit ihrem Ehemann hatte. An einem Tag spürte ich das atmosphärisch so stark, dass ich zu ihr ging und fragte, was los sei. Sie fing an zu weinen und erzählte von der Situation. Diesmal ging der Schmerz nicht in meine Seele, da ich körperlich sehr fit war und am Morgen eine gute Zeit mit Gott verbracht hatte. Ich sagte ihr kurz, dass bei Gott alle Dinge möglich seien und dass ich jetzt einige Freunde anrufen würde, die für diese Situation beten sollten. Am nächsten Tag schon hatte Gott eingegriffen.

Als prophetisch begabter Mensch bin ich Gott dankbar, ein HSL zu sein. Wenn ich Sachen wahrnehme oder spüre und damit in Ruhe zu Gott komme, gebe ich ihm meine volle Aufmerksamkeit. Es ist ein Lernfeld, Eindrücke richtig zu beurteilen. Wenn jemand meinen Dienst will, gehe ich so vor: Ich höre zu, was die Leute sagen, aber nehme nebenbei oft deutlich andere, vielleicht tiefere Nöte wahr. So kann es z. B. sein, dass jemand von einer Not erzählt, meine Empfindung sich aber auf einen ganz anderen Bereich konzentriert. Oft betont der Heilige Geist dann während des Gebets, ich solle genau an dieser Stelle einhaken. Dass ich die Herzenszustände von Menschen zum Teil spüren kann, berührt mich sehr, aber auf der anderen Seite sehe ich die Sehnsucht Gottes, seine Liebe durch mich fließen zu lassen. Diese Kombination befähigt mich, Menschen zu lieben und ihnen zu dienen.

Da ich durch meine Gemeindearbeit und den normalen Job sehr viel mit Menschen zusammen bin, kostet mich das ständig Kraft und ich benötige darum gute Erholungszeiten für mich allein. Manchmal denke ich auch: So viele Bekannte sind fröhlich und feiern mit anderen Freunden, aber mit mir teilen sie immer nur ihre Lasten. Besonders wichtig sind mir Zeiten, wo ich mit Gott eine Herz-zu-Herz-Beziehung pflege und bei ihm auftanke. So nehme ich mir Zeiten, wo ich weggehe und einfach mal alleine bin, um mich richtig erholen zu können. Obwohl ich das Zusammensein mit Menschen liebe, benötige ich diese Stopps, um mich selbst wieder einzusortieren und die Lasten an Gott abzugeben. Ich brauche sie, um Kraft zu tanken und wieder neu in die Ruhe und den Frieden Gottes hineinzukommen. Vor allem benötige ich die Wahrheiten aus dem Wort Gottes, um die Empfindungen meiner Seele auf ein gesundes Maß herunterzuschrauben. Meine Seele, die durch Not und Eindrücke berührt wird, möchte mich manchmal aufpeitschen und antreiben und unter Druck bringen. Sie sagt: „Du musst die Lösung oder der Retter sein." Wenn ich im Geist nicht stark bin, breche ich an dieser Stelle ein und lasse mich verführen und belasten. Aber Jesus allein ist der Retter!

Es gab Zeiten, da wusste ich wirklich nicht, was in mir abgeht und wie ich Gefühle, Menschen und Situationen einordnen konnte. Ich konnte nicht unterscheiden: Was gehört zu mir, was gehört nicht zu mir? Mit 24 Jahren hatte ich bereits einen *Burnout* und brauchte lange Zeit, um wieder fit zu werden. Ich wünschte, ich hätte vorher einiges von dem gewusst, was ich heute weiß! Aber nun ist es als schmerzhafte Erfahrung in mein Leben eingebunden und Gott hat diese Erfahrung benutzt um mich zu verändern. Manchmal kann ich es kaum glauben, wie sehr Gott mich in seiner Liebe verändert. Meine körperliche Gesundheit ist immer noch eine Baustelle, bei der ich Gottes Reden und Weisheit benötige, aber dies hält mich auch sehr bei ihm.

An dieser Stelle muss ich erwähnen, dass der Ort der Verborgenheit bei Gott das Wichtigste in meinem Leben ist. Ich muss sehr aufpassen, dass mich nicht die Arbeitsmentalität der Gemeinde vom Herzen Gottes wegreißt. Manchmal sind einfach zu viele Kopfmenschen in der Gemeindeleitung. Es kann auch sein, dass ich mich in einer reinen Männergruppe „anders" oder nicht richtig dazugehörig fühle. Beim Austausch komme ich auf einem ganz anderen Weg daher als nur über den Verstand. Viele sehen mich als schüchtern oder zaghaft oder ängstlich, dabei bin ich einfach nur ein Lastenträger. Manchmal spüre ich Stimmungen und muss sie innerlich verarbeiten und einordnen. Dies kann mich dann in meiner normalen Reaktion einschränken oder blockieren. Andere mögen dann denken: Was träumt er wieder? Doch ich bin einfach ein gewissenhafter, sensibler Typ, der den Dingen auf den Grund gehen will. Der Teufel versucht durch diese Dinge, das Gefühl der Ablehnung in mir zu verstärken, aber mittlerweile ist mir seine Taktik nicht mehr unbekannt.

Nun ja, ich bin halt hochsensibel, aber das ist okay! Doch Menschen, die unterschiedliche Gaben nicht schätzen und meinen, alle müssten so sein wie sie, haben mit uns HSL Schwierigkeiten, wenn sie sich nicht die Mühe machen, uns verstehen zu wollen. Ja, manchmal habe ich auch Angst, besonders, wenn ich schwach bin. Ich fürchte mich jedoch nicht vor Menschen, sondern eher vor den negativen Gedanken, die jemand auf mich projizieren könnte. Insgesamt bin ich im Umgang mit Menschen vorsichtiger geworden, da ich aus der Seelsorge weiß, wie schnell ein dummer Spruch jemanden verletzen kann. Diese zurückhaltende Art wird oft als nicht männlich angesehen, und das tut weh.

Eine Frage, die ich mir immer wieder stellen muss, ist: Gehört diese Situation in meinen Verantwortungsbereich? Ich frage dann Gott, was mein Anteil zur Lösung eines Problems ist, oder ob ich gar nicht beteiligt sein soll. Manchmal reicht es tatsächlich aus, die Not in einem Gebet auf Gott zu werfen und zu wissen, er sorgt dafür, und es ist nicht mehr meine Verantwortung, eine Last oder Traurigkeit mitzuschleppen. Es ist ein ständiges Lernen, die Lasten im Gebet Gott abzugeben und sie wirklich bei ihm zu lassen. In Sprachen zu beten ist dabei sehr hilfreich, und manchmal befehle ich sogar dem Teufel, zu gehen. Auch war es wichtig für mich zu lernen, mich nicht von anderen Menschen unter Druck bringen zu lassen. Wer kann Nein sagen, wenn jemand kommt und sagt: „Wir müssen jetzt unbedingt für diese Sache beten.", Früher gefiel ich mir in der Rolle des kleinen Erlösers oder als jemand, der unbedingt gebraucht wird. Heute weiß ich, dass Gott alles ohne mich tun kann, wobei die Seele sich manchmal schon verführen lässt und meint, ich könnte diese Gabe benutzen, um dadurch Anerkennung zu bekommen.

Und zu guter Letzt: Freunde, mit denen man herzhaft lachen und Blödsinn machen kann, sind ein echtes Geschenk des Himmels! Freunde, mit denen ich sprechen kann und die mein Herz verstehen, sind für mich lebensnotwendig.

Literatur, Medien, Seminare, Internet

Bücher

- Aron, Elaine N.: *Sind Sie hochsensibel?* Wie Sie Ihre Empfindsamkeit erkennen, verstehen und nutzen, 2005, mvg
- Aron, Elaine N.: *Das hochsensible Kind.* Wie Sie auf die besonderen Schwächen und Bedürfnisse Ihres Kindes eingehen, 2008, mvg
- Parlow, Georg: *Zart besaitet.* Selbstverständnis, Selbstachtung und Selbsthilfe für hochempfindliche Menschen, 2003, Festland
- Hybels, Bill und Lynne: *Ehe leben – Ehe lieben.* Was Sie dafür tun können, dass Ihre Ehe ein Leben hält, 7. Auflage 2005, Gerth Medien
- Sandford, John und Paula: *Heilung des verwundeten Geistes*, 5. Auflage 2010, Asaph
- Sandford, John und Paula: *Umgestaltung des inneren Menschen*, 2. Auflage 2008, Asaph
- Pfeifer, Dr. Samuel: *Der sensible Mensch*, 2. Auflage 2002, R. Brockhaus Hier werden Krankheitsbilder beschrieben, die aufgrund von Überempfindlichkeit entstehen können.

Audio-Vorträge (MP3)

(Erhältlich bei Lebensspur-Medien, Berliner Str. 16, 58511 Lüdenscheid, E-Mail: Lebensspur-Medien@web.de)

- Sandford, John und Paula: Heilung für verwundete Lastenträger, Best.-Nr. 9306
- Sandford, John und Paula: Auf rechte Weise Lasten tragen, Best.-Nr. 9307

- Lüling, Christa: Hilfe für hochsensible Lastenträger (90 min.), Best.-Nr. 625
- Lüling, Christa: Hochsensible Lastenträger verstehen (Vorträge vom Tagesseminar), Best.-Nr. 6400

Seminare
- Bei *Team.F – Neues Leben für Familien e. V.* finden Sie Tagesseminare für hochsensible Lastenträger sowie Seminare zur Ehe und zur inneren Heilung (Adresse siehe nächste Seite).

Informationsquellen im Internet
- www.hochsensibel.org
- www.empfindsam.de
- www.zartbesaitet.net
- www.hsperson.com (englisch)